Dein

2012

Prozess

im kollektiven Erfahrungszeitraum 2012-2032

Dein

2012

Prozess

im kollektiven Erfahrungszeitraum 2012-2032

„Dem höchsten Wohle so Vieler wie möglich"3

www.dein2012prozess.de

Impressum:
Bibliografische Information der Deutschen Nationalbibliothek:
Die Deutsche Nationalbibliothek verzeichnet diese Publikation
in der Deutschen Nationalbibliografie;
Detaillierte bibliografische Daten sind im Internet über
http://dnb.d-nb.de abrufbar.

Druck im Eigen-Verlag:
An kana Te - Verlag
4. Auflage 2012
ISBN 978-3-00-037251-3

Umschlaggestaltung und Satz: © 2012 die medien [kanzlei] nussbächer

Bildnachweis: fotolia.com
Grafiken: die medien [kanzlei] nussbächer

Von ganzem Herzen

sage ich danke:

Dir Agnieszka, meinem Engel auf Erden
die wundervollste und schönste Frau für mich!
Du bist meine Freude!

Dir Semiel, meinem Sohn.
Du lehrst mich reinste Liebe und gibst mir Freude mit
jedem Lächeln von Dir.

Euch allen meine geliebten für Dich-Freunde, An kana
Te und Visionäre 2012. Ihr bereichert mein Leben!

Und Dir mein treuer Freund Rainer Semlavana, durch
dein Wirken, deinen Einsatz sind alle Bücher, unser
gesamtes Erscheinen nach außen, erschaffen.

In Liebe für Euch

Michael Elrahim Amira.

Folge dem Ruf deiner Seele
und erkenne wer Du bist!

Die "für-Dich"-Akademie

Agnieszka Jaurel Insoma
Michael Elrahim Amira

**Es begann 2007 mit der Reise nach Indien.
Dort erfuhr der Buchautor *Michael Elrahim Amira* vom Auftrag ein Buch zu schreiben.** Es sollte ein ganz besonderes Buch werden.
Er sollte als Medium für das Seelenkonglomerat, die Menschen mit ihrer eigenen Seele wieder in Kontakt bringen.
Mittlerweile haben Tausende von Menschen durch ihr "für Dich-Buch" Kontakt mit ihrer Seele aufgenommen, kennen den Sinn ihres Lebens und sind eingeweiht in die kosmischen Spielregeln des Lebens.

Im März 2010 kam das lang erwartete zweite Buch "für Dich-das Geheimnis wer Du wirklich bist" heraus.
Dort berichten die Seelen aus Gott, Erzengel Michael und Jeshua ben Joseph über die Bedeutung der Jetztzeit, das magische Jahr 2012 und darüber hinaus.
Bei der stattfindenden 2012 live-channel-Tour in D - A - CH klärt das spirituelle Medium *Michael Elrahim Amira*, selbst An kana Te - Hüter von Mutter Erde, über die Tragweite des Bewusstseinswandel auf und die Notwendigkeit diese im eigenen Leben umzusetzen.
Von allergrößter Bedeutung ist dabei das Wissen über uns selbst, zu wissen wer wir wirklich sind, läßt uns sofort verstehen warum wir hier sind, was unsere Lebensaufgabe, unsere Bestimmung ist.
Dies verändert alles!
Der direkte Kontakt mit dem eigenen Schutzengel, der Seele in einer selbsterlebten Meditation ist so tiefgreifend und im Gefühl selbsterlebt, dadurch entsteht tiefes Vertrauen.
Die Botschaften und aufklärenden Worte der Erzengel, unserer Seelen und von IHM Jeshua lassen uns verstehen.
So ist das Wirken von Michael Elrahim Amira ganz auf das höchste Wohl so Vieler wie möglich ausgerichtet.

Für jede Art von Fragen, beruflich, finanziell, oder beziehungsmäßig, gibt es die Möglichkeit der telefonischen oder persönlichen Lebensberatung.

**Kontakt unter:
www.michael-elrahim-amira.de**

Inhalt

Hinweis 1: Zur besseren Unterscheidung sind meine Worte immer kursiv geschrieben und in Klammern gesetzt *<So sehen meine Worte aus>*
Sobald die geistige Welt spricht beginnt es mit einem „ und endet mit "

Hinweis 2: 1x niesen, Du selbst oder in deinem Umfeld, heißt gedachte oder ausgesprochene Worte sind wahr und werden somit bestätigt.

Hinweis 3 Abkürzung für Erzengel Michael = EEM

Aufklärende Worte zum besseren Verständnis

Es ist mir ein tiefes Bedürfnis, dass so viele Menschen wie möglich sich selbst ein Bild machen können über diese Welt, ihre Menschen und vor allem das alles darin Ablaufende. Damit es auch für all diejenigen, welche bisher sich mehr am rein Fassbaren orientieren, möglich ist, möchte ich hier zu Beginn einige grundlegende Erklärungen zum besseren Verständnis geben. Es hat einen Grund, dass speziell wir hier im Westen eine eher wissenschaftliche Ausrichtung unseres Denkens haben. Damit einhergehend ist es von entscheidender Bedeutung zu erkennen, warum wir einen bestimmten Glauben, eine sehr spezielle Denkrichtung haben. Dies hat vor allem damit zu tun, wie und noch viel wesentlicher, was uns von den jeweils verantwortlichen Stellen als Wahrheit vermittelt wurde und noch immer wird. An die wir dann erst einmal glauben, ja sogar unser gesamtes Leben danach ausrichten. Hierbei befinden wir uns in unserer so aufgeklärten, modernen Zeit in demselben Zustand wie vor ca. 500 Jahren. Damals war es auch die Vorgabe derer, die die Macht hatten die Menschheit glauben zu lassen, wie die Welt funktioniert. Zur Erinnerung:
Die damalige allgemein verbreitete Weltsicht war ja die, dass die Erde eine Scheibe und das Zentrum des Universums sei. Dementsprechend war alles ausgerichtet, von der Seefahrt (Schiffe, die zu weit hinausfuhren, wären hinuntergefallen) bis hin zum täglichen Leben. Als Galileo und Keppler die Wahrheit verbreiteten, wurden sie zuerst vehement bekämpft, heute weiß jedes Kind, dass die Erde keine Scheibe, sondern natürlich rund ist und wir uns sogar sehr weit vom Zentrum

unserer Galaxis befinden. Auch heute befinden wir uns hier in der westlichen Welt im selben Irrtum wie damals. Gerade in Bezug auf unser persönliches Leben, dort wo es für uns und unser gesamtes Leben von entscheidender Bedeutung ist, gerade dort sind wir von dem was uns gesagt, besser gelehrt wurde, sehr weit von der Wahrheit entfernt. Aber gerade für alle zentralen Themen unseres persönlichen Lebens, aber auch global für alle weltweiten Themen ist es von entscheidender Bedeutung, ja sogar mehr denn je lebensnotwendig, dass wir Bescheid wissen über grundlegende Themen. Und da ich aus ganzem Herzen der Wahrheit verpflichtet bin und dies meine persönliche Lebensaufgabe ist, Wahrheit in dieses System zu bringen, möchte ich alles dafür geben, damit jeder offene Mensch sich selbst ein Bild machen kann. Ja, Offenheit braucht es dazu allerdings! Da Du mein lieber Leser, meine liebe Leserin, mir bis hierher gefolgt bist, möchte ich diese wundervolle Gelegenheit nun nutzen. Wenn Du mir dies erlaubst, werde ich Dir anhand von **nur drei Beispielen verdeutlichen**, dass, obwohl wir heute in der Lage sind uns über alles zu informieren, Wissen in einer so noch nie da gewesenen Weise vorhanden ist, wir aber trotzdem über die Wahrheit im Dunkeln belassen werden!

Die Aufzeichnungen der Sumerer

In diesen ca. 5.800 Jahre alten Aufzeichnungen berichten die Sumerer von einem „gehämmerten Armband" und meinen damit den Asteroiden-Gürtel zwischen Mars und Jupiter. Sie wussten bereits vor über 5.000 Jahren, wie unser Sonnensystem bei Annäherung aus dem Weltraum aussieht. Dies wissen wir erst seit den 80er-Jahren durch die NASA-Sonden.

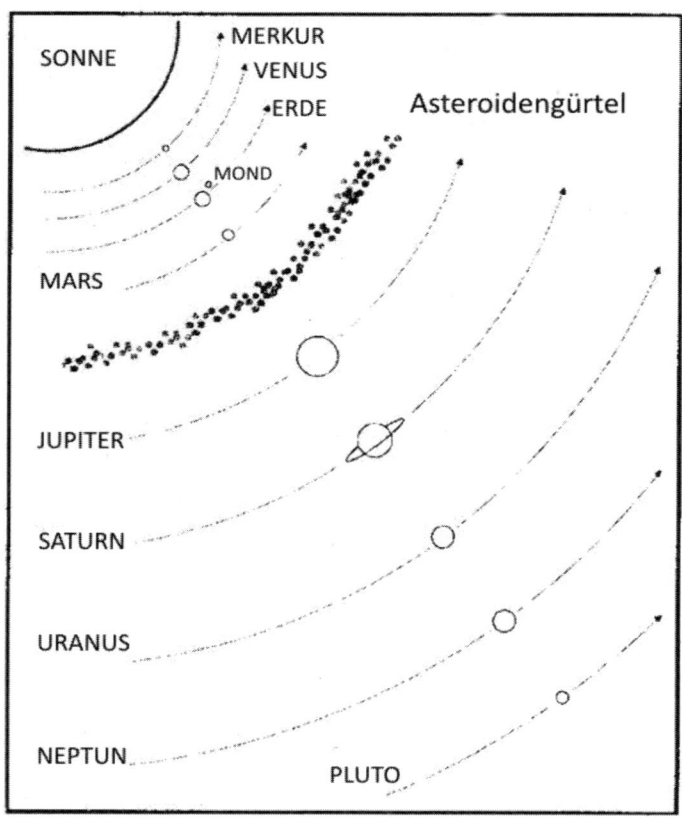

Die Überlieferungen der Dogon

Auf über 700 Jahre alten Wand- zeichnungen der Dogon wird erklärt, dass unser Sonnensystem in direkter Verbindung mit dem Sternensystem Sirius A steht. Dort wird auch von einem Stern berichtet, ein sogenannter „Weißer Zwerg", der aus der „schwersten Materie" im Universum besteht und sehr klein ist. Umlaufbahn um die dortige Sonne beträgt annähernd 50 Jahre. Dies alles  bestätigten unsere heutigen Wissenschaftlern erst in den letzten 30 Jahren. Die Frage wäre doch, woher wussten die alten Sumerer und die einfachen Dogon dies? Als die Wissenschaftler die Dogon fragten woher sie dieses Wissen haben, gaben die ihnen zur Auskunft, *Nommo* habe es ihnen gebracht. Dieser *Nommo* steht stellvertretend für die *Nommos*, jenen amphibienähnlichen Wesen (Delfine?), oder wie die Dogon sagen, *vernunftbegabte Tiere*, die in der Vorzeit vom Himmel kamen. Damals erschien ein neuer Stern am Himmel aus diesem stieg eine *Arche* herab. Mit ohrenbetäubendem Lärm landete sie dort, wo die Dogon ursprünglich siedelten. *Nommo* ist für die Dogon der Vater der Menschheit und der Mahner des Universums, während sie das Sirius-System als *Fisch-Land* bezeichnen, das auch Planeten beinhalten soll. Warum erfahren wir diese Dinge nicht, warum gehen sie nicht in unser Allgemeinwissen ein, oder werden an unseren Schulen gelehrt?

Die Sphinx in Ägypten

Zwei neutrale Wissenschaftler haben festgestellt, dass die Erosionsspuren an der Seite der Sphinx nur entstanden sein können, wenn diese ca. 1.000 Jahre einem 24-stündigen Regen ausgesetzt war, allerdings war die letzte Regenperiode dort vor ca. 7.000 Jahren. Somit schätzen sie das Alter der Sphinx auf 10.000 bis 15.000 Jahre, vermutlich ist sie viel älter! Doch dies wird von den ca. 5.000 ägyptischen Archäologen vehement bestritten. Diese legen ihr Alter auf 4.500 Jahre fest, denn laut dem Koran (ca. 95 % der Archäologen sind Moslems) hat Allah den Menschen vor 6.000 Jahren erschaffen – somit kann nichts älter sein, sonst wäre der Koran falsch.

Anhand dieser drei Beispiele, allerdings davon gibt es Tausende, zeigt es sich sehr deutlich, dass wir genau wie vor 500 Jahren getäuscht werden und dies sogar mit Absicht. Doch diese Täuschung zu erkennen, sie wirklich zu verstehen, dazu braucht es Informationen, Wissen, oder noch besser endlich die Wahrheit! Wie damals, die Erde ist keine Scheibe, sondern eine Kugel. Und wenn Du erlaubst, dann spreche ich ab sofort in der Du-Form, denn auf der geistigen Ebene gibt es nur dieses Du! Weißt Du was heute diese alles verändernde Wahrheit darstellt? Um Dir diese zu vermitteln möchte ich etwas ausholen, indem ich Dir etwas aus meinem eigenen Leben und damit meiner eigenen Erfahrung berichte. Damit Du erkennen kannst, dass ich wie vielleicht Du gerade an derselben Stelle mich schon befand und auch unwissend war in Bezug auf das alles verändernde Thema, die Sichtweise, die Betrachtung unseres wahren Lebens und all seiner Erfahrungen.

Während meiner gesamten Kindheit und auch später in der Schule war der Mensch *Jesus* für mich von besonderer Bedeutung. Bei den Weihnachts-und Osterfilmen habe ich immer geweint, wenn ich ihn reden hörte, ihn und seine Jünger sah. In der Schule hatte ich zwei Einsen, in Musik und Religion, wollte deshalb schon früh irgendwie *Pfarrer* oder so etwas werden. Dieser Mensch *Jesus* und seine Lehre hatten mich immer fasziniert, daran war alles stimmig, außer mein damaliges Verständnis von Gott. Dann geschah etwas Ungewöhnliches! Als ich im Mai 1984 auf einem Auslands-seminar von Prof. Augustat zum ersten Mal über die Reinkarnation, die körperliche Wiedergeburt hörte. Alles was er darüber sagte und auch die sogenannten *kosmischen Gesetze* machten so viel Sinn und zum ersten Mal in meinem

Leben konnte ich alles verstehen. Auch meine Wut legte sich, die Wut, die ich zum damaligen Zeitpunkt gegenüber "Gott" hatte. Denn etwas hatte mich immer an diesem Wesen gestört! Wie kann ein liebevoller Vater allen seinen Kindern völlig verschiedene Voraussetzungen geben und doch dann alle gleich beurteilen, was dann auch noch ewige Bestrafung zur Folge haben konnte. Für mich war es völlig ungerecht (und wenn eine *Jungfrau* auf etwas Wert legt dann auf Gerechtigkeit, was bei mir natürlich noch ausgeprägter ist, da mein Aszendent Jungfrau ist), dass ein Kind in Mexiko City bei armen Eltern auf die Welt kommen muss, dort gezwungen ist zu stehlen, also gegen eines dieser 10 Gebote verstoßen **muss** und dann auch noch dafür beim jüngsten Gericht bestraft wird. Und auf der anderen Seite kommt ein Kind in Europa auf die Welt bei reichen Eltern, die das Kind lieben und behüten, es gegen keine Gebote verstoßen muss, nur um zu überleben. Wie unfair ist es, wenn ein Mensch nur 20 Jahre lebt und ein anderer 80 Jahre. In 80 Jahren kann man viel mehr falsch machen, also gegen Gebote verstoßen, als in 20 Jahren. Und dort bei dem Vortragenden wurden zum ersten Mal in meinem Leben alle meine Fragen beantwortet, alles machte plötzlich so viel Sinn, tiefe Gerechtigkeit ging von diesem Wissen aus. Mehr dazu später! Doch ich war mit meinen jungen Jahren in tiefe Unsicherheit gefallen, zwischen den Lehren meiner Kindheit, die mir besagten, dass wir ein Leben haben und danach kam Himmel oder Hölle und einem Leben das auf viele andere folgte, ja sogar diese verschiedenen Leben einander bedingen, sehr stark beeinflussen. Mehrere Leben, unterschiedliche Chancen, keine Hölle, sondern nur einen Himmel, indem wir nach jedem verbrachten Leben zurückkehrten? Wow, zu schön um wahr zu sein. Ich fühlte damals wie sehr mich diese *falschen Lehren* beeinflusst hatten, denn alleine schon nur über dies Neue nachzudenken, es zu hinterfragen war wie *Blasphemie*. Ich fühlte tiefe Angst in mir, dass Gott mich für diese *Sünde* bestrafen würde. So habe ich zur Lösung meines Dilemmas damals einfach gebetet, denn dies konnte ich schon immer (Gott sei Dank) gut. *Vater, wenn dies mit der Wiedergeburt die Wahrheit ist, dann bitte gib mir dazu ein Zeichen*. Und sofort kam die Antwort (was mich gerade erkennen lässt, dass ich schon 1984 medial war, Halleluja), indem ich den Impuls bekam im Neuen Testament zu lesen, bei Johannes (meinem Favoriten) Kapitel 9 *Heilung eines Blindgeborenen*:

Und Jesus ging vorüber und sah einen der blind geboren war und seine Jünger fragten ihn und sprachen: *Meister, wer hat gesündigt, dieser oder seine Eltern, dass er ist blind geboren?* Jesus antwortete: *Es hat weder dieser gesündigt, noch seine Eltern…*

Als ich dies las, war es als ob etwas in mir erwachte, was bisher noch geschlafen hatte. Wie konnte jemand solch eine Frage stellen, **hat er gesündigt**? Da er ja seit Geburt blind ist, hatte er ja gar keine Gelegenheit zu sündigen, außer es hätte ihn auch schon früher gegeben? Also vor seiner Geburt! Das sind jetzt fast 30 Jahre her und doch gerade jetzt beim Niederschreiben dieser Worte fühle und erkenne ich, dass dies für mich der entscheidende Punkt war, mich wieder der Wahrheit zu öffnen, welche ja schon immer in mir war. Und dann bekam ich noch die Stelle Johannes Kapitel 3 *Jesus und Nikodemus*:

…es sei denn, dass jemand von neuem geboren werde, so kann er das Reich Gottes nicht sehen…es sei denn, dass jemand geboren werde aus Wasser und Geist, so kann er das Reich Gottes nicht sehen. Bumm machte es jetzt in mir! Aus Wasser und Geist geboren zu werden, heißt solange jemand in einem materiellen Körper geboren wird. Denn unser Körper besteht zu ca. 70 % aus Wasser, kann er natürlich das Geistige nicht sehen, denn dies geht nur, wenn wir wieder nur noch Geist sind, was erst nach dem materiellen Tod passiert. Sobald wir den Wasserkörper verlassen und wieder ganz ein rein geistiges Wesen werden und dann in der geistigen Welt uns befinden, dem sogenannten Himmel, weil wir dort mit unseren geistigen Wahrnehmungsorganen sehen. Jetzt war etwas in mir geschehen, ich war wie offen, besser geöffnet worden für diese wirkliche Wahrheit, die mein Leben nun völlig veränderte! Genau zu diesem Zeitpunkt bekam ich zwei weitere Bücher in die Hände, so ein Zufall! Von Rudolf Steiner *So erlangst du Erkenntnis höherer Welten* und von Dr. Kübler-Ross *Über den Tod und das Leben danach*. Vor allem das Buch von Dr. Kübler-Ross war für mich die Erlösung, denn dort berichtet sie, dass sie als Ärztin, die zuerst überhaupt nicht an ein Leben nach dem Tode glaubte, ihre Sichtweise völlig veränderte. Dies ergab sich ganz von selbst, da sie tausende von Kindern am Sterbebett begleitete und das alle die Kinder die zwar klinisch tot waren aber wieder belebt wurden, quasi zurückkamen, alle dasselbe berichteten! Sie hätten ihren Körper verlassen, wären durch die Decke geschwebt, über das Haus und den Ort und dann in einen Lichttunnel hineingezogen worden. Dann dort drüben angelangt wären Opa und Oma, halt all die bereits Verstorbenen erschienen. Was mich besonders tief berührte war das Mädchen das zu ihr Mutter sagte, als sie wieder zurückgekehrt war "Mama ich habe dort drüben meinen großen Bruder gesehen, aber ich habe doch gar keinen Bruder". Und die Mutter sagte ihr unter Tränen, dass sie einen großen Bruder hätte, aber der sei gestorben bevor sie auf die Welt gekommen war und so hätten sie ihr von ihm nichts gesagt. All dieses Wissen hat bei mir dazu geführt, dass es das bereits in mir vorhandene Wissen wieder aktivierte und ich mich nun sehr intensiv mit dieser für mich neuen, doch sehr sinnvollen Wahrheit beschäftigte.

Nun zu dieser alles verändernden Wahrheit! Die **Scheiben-Lüge** ist die, wir hätten nur ein Leben und danach gibt es uns gar nicht mehr oder wir finden uns im Himmel oder der Hölle. Dazu ist die **Kugel-Wahrheit** diese, wir alle haben schon viele Leben gelebt, was bedeutet Hunderte oder sogar Tausende! Wir waren schon alles, reich, arm, groß, klein und sogar Mann und Frau in anderen Leben. Jedes Leben gibt uns die Möglichkeit zu neuen Erfahrungen, ja sogar bauen die Leben aufeinander auf, da wir in unserem Unbewussten alle Informationen aus allen anderen Leben in uns tragen. Deshalb ist es auch möglich, dass Menschen in Hypnose plötzlich völlig fehlerfrei altfranzösisch oder aramäisch sprechen. Sich in bestimmten Orten auskennen, obwohl sie in diesem Leben noch niemals dort waren. Angst haben vor Höhe, Räumen, bestimmten Tieren, scharfen Gegenständen und dergleichen, obwohl sie in diesem Leben noch nie damit in Kontakt kamen. Sobald ich diese neue *alte* Sichtweise angenommen hatte, veränderte sich alles in meinem Leben. Das wichtigste war aber meine Aussöhnung mit Gott, denn jetzt war es wieder ein Gott der Liebe, der mir sogar dies wundervolle Geschenk machte (dies erkannte ich so wundervoll in den Bücher von Walsh *Gespräche mit Gott*) meine eigenen Erfahrungen zu machen, frei zu sein von Fehlern, da es weder Fehler noch Sünde gibt, denn alles dient einzig und allein dazu mich selbst in meiner Eigenständigkeit zu erkennen, zu finden und dies immer in Einheit mit dem Göttlichen, der Quelle allem was ist.

Zu deinem weiteren Verständnis (Ich freue mich so sehr, das du mir bis hierher gefolgt bist, denn dies ist ja nur zum besseren Verständnis von mir dir vermittelt, im zweiten Teil geht es ja erst richtig los, wenn Du erkennst, da läuft in deinem Leben ein Prozess ab und auf diesen kannst du sehr stark Einfluss nehmen, ihn beschleunigen) ist mir dann Ostern 2001 ein weiteres Geschenk gemacht worden. Ein guter Freund erzählte mir von einem Prozess den er gerade abgeschlossen hatte, bei dem er 21 Tage gefastet und die ersten sieben Tage auch nichts getrunken hatte, er nannte dies den *Lichtkörperprozess*. Ich wollte ja schon immer mal fasten und als ich das von ihm hörte wusste ich sofort das machst du auch. Während dieses Prozesses erkannte ich die Freiheit von meinem materiellen Körper, denn ohne Essen und ohne Trinken auszukommen erfüllt mich mit einer nie dagewesenen Sicherheit. Mittlerweile war mein Kontakt zu mir selbst, meiner inneren Weisheit sehr gewachsen und nach diesem Prozess gab es für mich nur noch eines was von Bedeutung ist, meine erkannte Wahrheit an so viele Menschen wie irgend möglich weiterzugeben. Aber ich stieß auf viel Unverständnis! Heute weiß ich, dass ich der Zeit einfach voraus war, es war noch nicht an der Zeit für mich wirklich zu wirken. Bis endlich an Ostern 2007 nach über 20 Jahren Wünschen, sich die Gelegenheit ergab nach Indien zu fliegen und dort in Bangalore von einem Palmblattleser mein gesamtes Lebensschicksal zu erfahren. Ein interessantes Erlebnis hatte

22

ich vor meinem Abflug, als mein Bruder (er ist wie mein Vater ein wundervoller Mensch und doch sind beide nur auf das materiell Sichtbare ausgerichtet, beide liebe ich sehr) von mir hörte ich wolle nach Indien fliegen, um dort auf einem alten Palmblatt mein Schicksal zu erfahren. Da fragte er mich leicht amüsiert, wie viele Palmblätter es denn da gäbe und ich gab zur Antwort so ca. eine halbe Million vielleicht. Dann fragte er mich noch amüsierter wie viele Menschen es auf dieser Welt gäbe und daraufhin sagte ich ihm so ca. 7 Milliarden. Jetzt musste er lachen und von mir dahin befragt was denn da so lustig sei, sagte er in seinem wundervollen schwäbischen Dialekt *Ont du glaubsch, daus da deih Blättle dabei isch?* Was so viel bedeutet wie *Und du glaubst, dass da dein Palmblatt dabei ist?* An dieser Frage wurde mir erst wieder bewusst wie sehr die Sichtweise der materiellen Welt, welche nur an das Sichtbare glaubt und meiner mittlerweile sehr geistig ausgerichteten Weltanschauung. Denn für mich war 100 % klar, dass mein Schicksal geschrieben auf einem Palmblatt dort auf mich wartet, ja sogar nach mir ruft. Der Palmblattleser eröffnete mir mein bisher ganzes Leben, vor allem die gravierenden Ereignisse nannte er deutlich mit einer 100 %-tigen Treffsicherheit. Als er mir dann noch eröffnete ich hätte schon in einem anderen Leben mit Jesus zusammen gewirkt, da war ich so voller Freude, denn dies war mir mittlerweile selbst bewusst geworden. Er sagte mir auch ich solle endlich mein Buch schreiben, denn viele würden bereits darauf warten! Und obwohl ich dies bis zu diesem Zeitpunkt nicht wusste, sagte er mir sogar ich hätte schon damit angefangen, was sich im Nachhinein als wahr herausstellte. Als ich wieder in Deutschland war wurde mir klar, dass ich medial bin und das es meine Aufgabe ist ein mediales Buch niederzuschreiben, wieder einmal! Doch das ist noch eine andere sehr spannende Geschichte. Jetzt verstand ich auch wieder meinen tiefen Herzenswunsch, der so sehr in mir brannte. Die Wahrheit in dieses System zu bringen und sie vielen Menschen zugänglich zu machen. Jetzt ist es mir hoffentlich gelungen vor allem zwei Dinge vorab klar verdeutlichen zu können. Das die *Lehre der Wiedergeburt* die wirkliche Wahrheit ist, Jeshua (Jesus ist ein falscher Name, denn er war Jude und seine Muttersprache war aramäisch, somit sein wahrer Name Jeshua ben Joseph, Sohn aus dem Hause Davids) sie immer gelehrt hat, vor allem im inneren Kreis seiner Jünger. Nur deshalb konnten sie ihm solch eine *blöde* Frage stellen wie mit dem *hat er gesündigt?* Das diese wahre Lehre uns freimacht, mich hat sie so sehr befreit. Und zum zweiten du verstehen kannst, dass der zweite Teil nicht von mir persönlich verfasst wurde, sondern mir direkt von der geistigen Welt übermittelt wurde. Genauso wie bei Mozart, der eine ganze Sonate, Oper etc. an einem Stück und noch dazu fehlerfrei übermittelt bekommen hat. Jede Erfindung ist geistig übermittelt! Hiermit fühle ich nun die notwendige Erklärung ist erfüllt und damit wird es Zeit zur Einleitung überzugehen.

Einleitung

Der 2012-Prozess hat keinen speziellen oder vorgegebenen Ablauf, sondern verläuft völlig individuell, denn es ist zuerst dein ganz persönlicher Prozess. Er hat die Aufgabe, Dich vollkommen zu befreien. Um diesen Prozess vollkommen zu verstehen und ihn damit bewusst zu beschleunigen, braucht es für Dich das Wissen über den Sinn dieses ablaufenden Prozesses. Dieses gesamte Buch und alles darin befindliche Wissen versetzt Dich in die Lage, Dir selbst treu zu sein. Du wirst erkennen, wer Du bist, aber viel wichtiger, das Buch selbst ist dein Prozess, der gerade in Dir stattfindet und Dich automatisch zur Dir selbst führt. Während Du es liest, werden sehr viele Erkenntnisprozesse in deinem Bewusstsein sich ergeben, aber achte vor allem auf all das, was um Dich herum geschieht. Gerade in deinem täglichen Leben wirst Du in Lebenssituationen geführt, durch die Du all die in Dir noch vorhandenen, abgespeicherten Erfahrungen aus diesem Leben und allen deinen Inkarnationen öffnest. Hierbei geht es vor allem um all die Energien aus nicht verarbeiteten, besser nicht angenommenen Lebenssituationen. Ihre Nichtverarbeitung ist für Dich wie Ballast und da es im gerade stattfindenden Transformationsprozess vor allem um die Anhebung unserer eigenen Schwingung geht, Zielfrequenz sind hierbei 21,2 Hz, **braucht** es diese Verarbeitung aller in uns noch vorhandener Gefühlsenergien. Aus meiner eigenen Erfahrung der letzten Jahre weiß ich nur zu gut, was dies heißt. Wir werden in allen Lebensbereichen regelmäßig in Situationen gebracht, damit genau diese von uns zu erlösenden Emotionen wie aktiviert, angetriggert werden. Das ist der Grund, warum wir gerade jetzt in unseren Partnerschaften, auf beruflicher, finanzieller und sogar körperlicher Ebene immer wieder in für uns so herausfordernde Erfahrungen gebracht werden. Gerade dies hat mir die geistige Welt immer wieder so deutlich vermittelt, dass es nicht unser *falsches Verhalten* ist, welches uns in diese so gefühlsintensiven Erfahrungen bringt, sondern die Notwendigkeit der Auflösung **aller bisher nicht erlösten Emotionen aus allen unseren Inkarnationen.** Denn wenn es beim Aufsteigen von der 3. Dimension in die 5. Dimension etwas braucht, dann die **energetische Befreiung**. Alle Informationen in diesem Buch dienen nur einem Sinn, Dir selbst ein Bild zu machen: Was steckt hinter all den Informationen um 2012? Doch viel wichtiger ist dabei der Zeitraum 28.10.2011 bis 21.12.2012! Die Veränderungen in unser aller Bewusstsein haben großen Einfluss auf unser aller Leben. Dabei bist auch Du von so entscheidender Bedeutung, deshalb ist es jetzt so wichtig, dass Du zumindest Bescheid weißt, was auf Dich, deine Familie, die Menschheit zukommt, damit Du später nicht sagen musst, wenn ich das vorher gewusst hätte, ja, dann hätte ich! Jetzt ist genügend Zeit, um die Voraussetzungen zu erschaffen für erfreuliche Ereignisse! Sei dabei und Du wirst alles verstehen! Ich kann es Dir wirklich aus tiefster Überzeugung ans Herz legen, sobald Du all dieses hier vermittelte Wissen in Dich aufnimmst, wirst Du verstehen, warum dein Anwesend-Sein so wichtig für Dich, deine ganze Familie, ja sogar für dieses Land ist (3 x niesen). So, nun wünsche ich Dir von Herzen eine wundervolle *Zeit der Befreiung* und vielleicht lernen wir uns ja schon bald persönlich (wieder) kennen.

In liebevoller Umarmung Michael Elrahim Amira

Gleich zu Beginn etwas für Dich von grundsätzlicher Wichtigkeit und Bedeutung. So wesentlich, dass es am besten der täglichen Beachtung bedarf!

Drei Fragen von allergrößter Bedeutung:

1. Frage: **Wie möchte ich mich fühlen?**

2. Frage: **Was wünsche ich mir von ganzem Herzen?**

3. Frage: **Wozu möchte ich dies alles?**

Wir alle leben wahrhaft in einer besonderen Zeit und um genau dies zu verstehen, besser noch es zu erkennen, braucht es das Wissen und die Informationen über genau diese Zeit. Dazu ist es am hilfreichsten, wenn wir uns so viele Informationen wie irgend möglich einholen. Interessant dabei ist, dass alle Völker dieser Welt über Prophezeiungen gerade dieser von uns jetzt erlebten Phase verfügen. Am besten schauen wir uns diese einmal genauer an, damit wir uns selbst ein Bild machen können.

Prophezeiungen der Hopi-Indianer

In den überlieferten Schriften der Hopi-Indianer (Die Hopi sind die westlichste Gruppe der Pueblo-Indianer und leben im nordöstlichen Arizona, USA, in einem rund 13.000 km² großen Reservat) heißt es, die Menschheit geht von der 4. in die 5. Welt. Auch sagen die Hopi´s, dass in dieser Übergangsphase

Menschen Steine vom Mond bringen werden

und wir Spinnennetze am Himmel sehen.

Dies sind gerade mal zwei Beispiele von all den vielen Voraussagen, die bei den Hopi-Indianern von Generation zu Generation seit Jahrhunderten weitergegeben werden.

Die Hindus in Indien

berichten von sogenannten Yugas, was einfach ein anderes Wort für Zeitalter ist. Sie sagen, wir befinden uns jetzt im Übergang vom Kali-Yuga in Richtung zum Satya-Yuga. Die Menschen des Kali-Zeitalters besitzen keine Stärke, sind äußerst zornig, habgierig und unwahrhaftig. Eifersucht, Stolz, Zorn, Betrug, Boshaftigkeit und Habgier beherrschen die Menschen. Interessant, wie treffend in über 5.000 Jahre alten Schriften Teile unserer heutigen Gesellschaft beschrieben werden. Die indische Zählung des Kali-Yugas und der Start des großen Zyklus' in der Maya-Zeitrechnung (13 x 144.000 Tage = 5.200 Jahre à 360 Tage) begannen praktisch zur gleichen Zeit, um 3100 v. Chr. Was im Jahr 2012 zu Ende geht, ist also der Unterzyklus des dunklen Zeitalters.

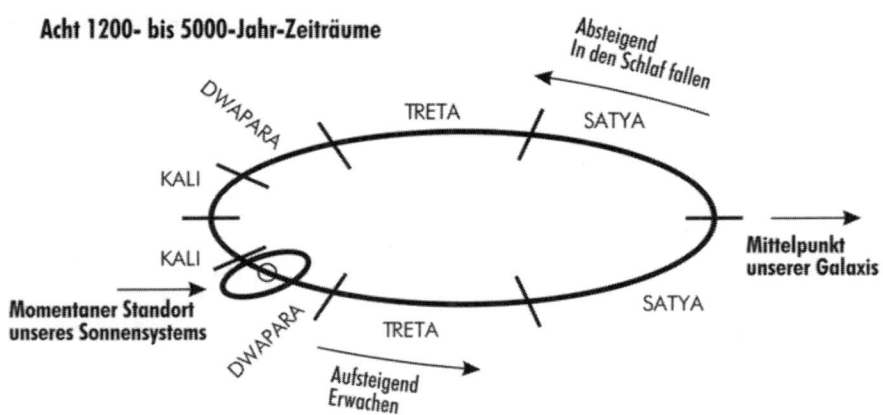

Aus astrologischer Sicht

Betrachtet beenden wir gerade eine komplette Umlaufbahn unseres Sonnensystems um die Urzentralsonne Alcyone, die in der Mitte unserer Milchstraße sich befindet. Dieses sogenannte Platonische Jahr entspricht ca. 26.000 Jahren, genauso lange braucht unser Sonnensystem, um einmal die Urzentralsonne zu umrunden. Daraus ergeben sich 12 Zeitalter à 2.160 Jahre und der Wechsel vom Fisch- ins Wassermann-Zeitalter findet ab ca. den 60er Jahren statt.

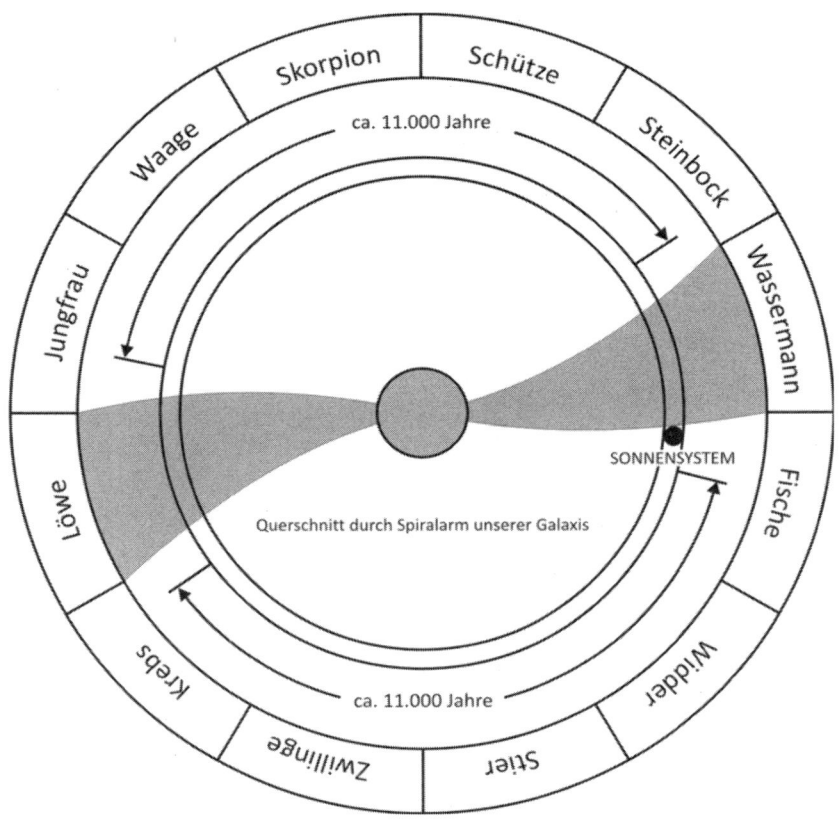

ca. 11.000 Jahre

Querschnitt durch Spiralarm unserer Galaxis

SONNENSYSTEM

ca. 11.000 Jahre

Polverschiebung

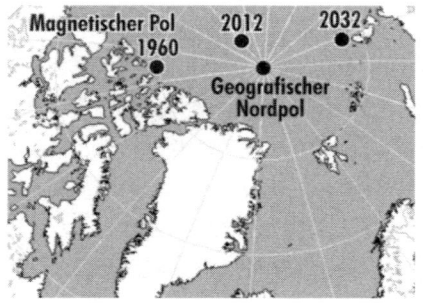

Wissenschaftler haben festgestellt, dass etwa alle 12.500 Jahre ein Polsprung stattfindet. Dabei kann sich die Erdachse bis zu 25° verschieben (Untergang Atlantis 10500 v. Chr.). Dieses Mal ist es jedoch völlig anders, da Mutter Erde vermutlich seit den 60ern kontinuierlich ihre Pole sanft verschiebt. Laut NASA ist bereits eine Verschiebung von mehr als 10° erfolgt. Dadurch haben alle Flughäfen ihre Nord-Süd-Ausrichtungen korrigiert, die Piloten erhalten alle 56 Tage neue Flugpläne. Dies konnte von Mutter Erde sanft durchgeführt werden, aufgrund vorhandener Bewusstseinsentwicklung.

Erdmagnetfeld

Auch haben die Wissenschaftler eine permanente Abnahme des Erdmagnetfeldes festgestellt. Da dies eine Veränderung der Schwingungsdichte zur Folge hat, werden sich dadurch unsere Gedanken immer schneller verwirklichen.

Erdschwingung

Erdschwingung lag seit Jahrtausenden bei 7,83 Hz der sogenannten Schumann-Frequenz. Sie ist mittlerweile stark angestiegen und lag 2010 bei über 13 Hz, und soll bis Ende

2012 als Ziel 21,2 Hz, auf der ätherischen Ebene, erreichen. Dies hat erhebliche Einflüsse auf unseren eigenen Körper, da dieser sich permanent mit dem Schwingungsfeld der Erde verbindet und hier ständig ein quasi *Update* stattfindet. Somit sind alle unsere Körper mittlerweile in einer höheren Schwingungsfrequenz, welche tiefer, gleich oder höher sein kann als die der Erde.

Das Christentum

In der Offenbarung des Johannes, dem letzten Kapitel in der Bibel wird ebenfalls vom

- Ende der Zeiten,
- großen Veränderungen / einem Wandel gesprochen,
- einem neuen Himmel, einer neuen Erde.

Es heißt dort, dass erst die betroffene Generation dies erkennen kann und wir auf eine besondere Zahl achten sollen, denn sie zeigt uns den Beginn!

Offenbarung des Johannes 13. 16-18

„Und es macht, dass sie allesamt, die Kleinen und die Großen, die Reichen und die Armen, die Freien und die Knechte, sich ein Malzeichen geben an ihre rechte Hand oder an die Stirn, **dass niemand kaufen oder verkaufen kann**, er habe denn das Malzeichen, nämlich das Zeichen des Tieres oder die Zahl seines Namens. Hier ist Weisheit. Wer Verstand hat, der überlege die Zahl des Tieres, denn es ist eines Menschen Zahl, und seine Zahl ist Sechshundertsechsundsechzig."

Wo finden wir heute die **666** in unserem Alltag?

Dies ist ein gebräuchlicher Strichcode, wie er mittlerweile auf allen gekauften und verkauften Waren sich befindet. Die Linien vorne, mitten und hinten sind gleich!

Bei dem vorletzten Strich steht die Zahl 6 und der Strich ist identisch mit den 3 Gleichen!

Somit haben wir auf jedem Strichcode die Zahl des Tieres 666!

Die Weissagung der Hopi-Indianer

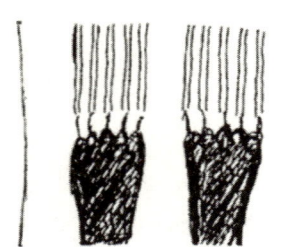

Keiner wird kaufen oder verkaufen können, wenn er nicht das Zeichen des Bären hat.

Gemäß der Numerologie können Buchstaben in Zahlen umgewandelt werden. Es gibt unterschiedliche Systeme:

Chaldäisches System ist   A = 1

Römisches System ist   V = 5

Hebräisches System ist   W = 6

Somit ergibt sich nach dem Hebräischen System www die 666 und dadurch erfüllt sich die 2000 Jahre alte Prophezeiung von Jeshua, gegeben an Johannes gerade vor unser aller Augen, denn wir sind die Generation des Computerzeitalters und somit die bisher einzige Generation, welche die Zeichen der Zeit erkennen und verstehen kann. Jeshua hat Johannes und damit uns allen durch das Wissen über die Bedeutung dieser Zahl und deren Erscheinen in unserer materiellen Welt den genauen Zeitpunkt übermittelt, damit wir uns darauf vorbereiten können und wenn es so weit ist, dementsprechend verhalten. Somit ist dies das große Geschenk unseres Bruders, dem 1. Christus-Avatar und meinem besten Freund.

Das additive Sechser-Alphabet			
A = 6	N = 84	C = 18	N = 84
B = 12	O = 90	O = 90	E = 30
C = 18	P = 96	M = 78	W = 138
D = 24	Q = 102	P = 96	
E = 30	R = 108	U = 126	Y = 150
F = 36	S = 114	T = 120	O = 90
G = 42	T = 120	E = 30	R = 108
H = 48	U = 126	R = 108	K = 66
I = 54	V = 132	666	666
J = 60	W = 138		
K = 66	X = 144		
L = 72	Y = 150		
M = 78	Z = 156		

Beim additiven Sechser-Alphabet ersetzen wir einfach den Buchstaben A = 1 durch A = 6 und nehmen nun für jeden weiteren Buchstaben einfach immer 6 Einheiten mehr.

Kalender der Maya
4 große Zeitzonen:

104.000 Jahre
26.000 Jahre
5.200 Jahre
260 Jahre

enden am: **21.12.2012**

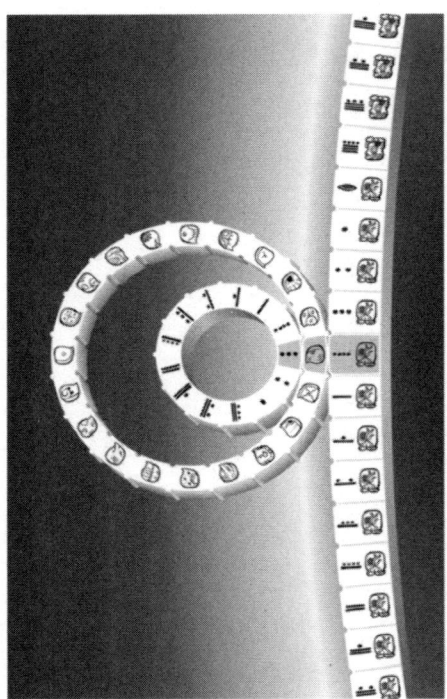

Das alte Energiemuster
Alter Maya Kalender
Letzter Tag

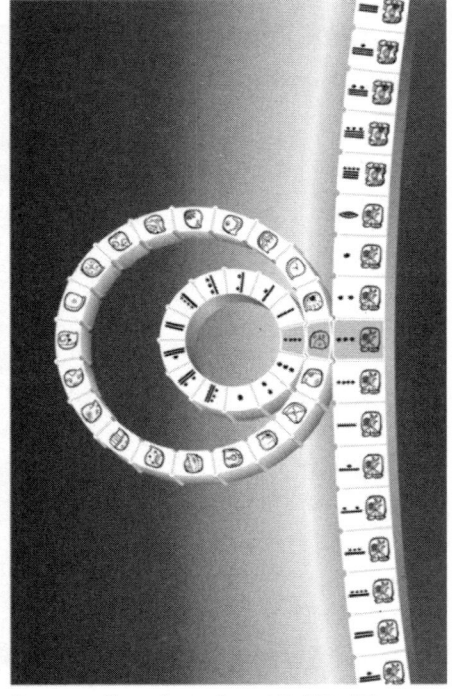

Das neue Energiemuster
Neuer Maya Kalender
Erster Tag

Die Sonnenzyklen

Wissenschaftler haben beobachtet, dass alle 11 Jahre starke Sonnenaktivitäten stattfinden, sogenannte Sonneneruptionen, wie zum Beispiel in den Jahren:

1990 Fall der Berliner Mauer

2001 Anschlag auf das World Trade Center

2012 Sonnenaktivitätsmaximum

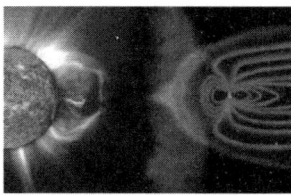

Berliner Mauer   World Trade Center   Sonnenaktivität

Laut dem Biophysiker Dr. Broers steht unser Fühlen und Handeln im Zusammenhang mit der Sonnenaktivität. Dies wirkt sich als Bewusstseinserweiterung aus, geniale Erfindungen ergeben sich. Dies zeigt sich gerade sehr deutlich im Energiebereich (Windspiralen mit 10-facher Leistung im Vergleich zu Windrädern).
Laut A. Einstein nutzt der Mensch nur ca. 10 % des Gehirnvolumens, die restlichen 90 % liegen brach, da sie deaktiviert sind. Die NASA berichtet seit bereits 15 Jahren von einem Energiestrahl aus der Mitte der Milchstraße, der auf die Erde gerichtet ist und bisher ungenutzte Gehirnzonen aktiviert.

=> Was hat das zur Folge?

Dadurch vollzieht sich ein Bewusstseinswandel, ein Erkenntnisprozess.

Der Mensch erkennt sein wahres Selbst!

Zeitrahmen der Transformation

1960   2012

Beginn gemäß der   Abschluss gemäß dem
Offenbarung des Johannes   Maya-Kalender
mit dem Computerzeitalter   Größte Sonnenaktivitäten
                                                   Galaktische Ausrichtung

Besonderer Zeitraum

28.10.2011   21.12.2012

Beginn der endgültigen   Stabilisierung System
Bereitstellung von   „Mutter Erde" am
Bewusstseinsenergie für   Schwingungslevel 21 Hz
harmonischen Aufstieg von 14 Hz   5. Dimension

In diesem Zeitraum sind alle Menschen aufgefordert, sich über den Sinn ihres Lebens bewusst zu werden, sonst kann Druck durch Schicksalsschläge entstehen.

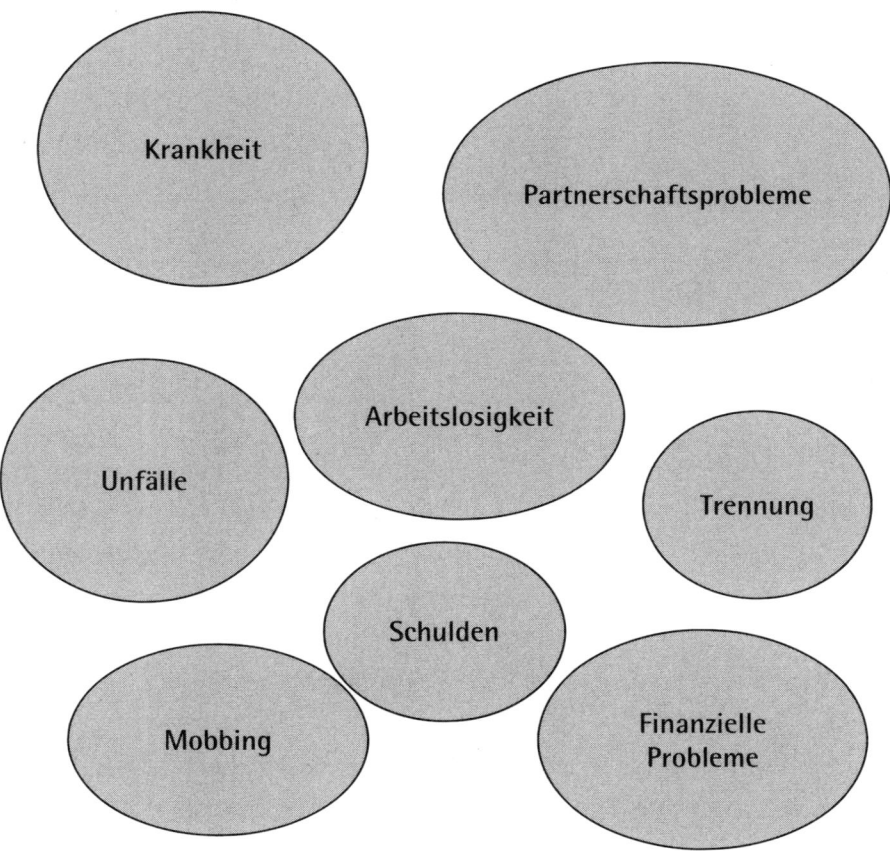

Deshalb ist es notwendig und von elementarer, ja sogar lebensnotwendiger Voraussetzung, Kenntnis zu haben über die sogenannten Spielregeln des Lebens.

Spielregeln des Lebens

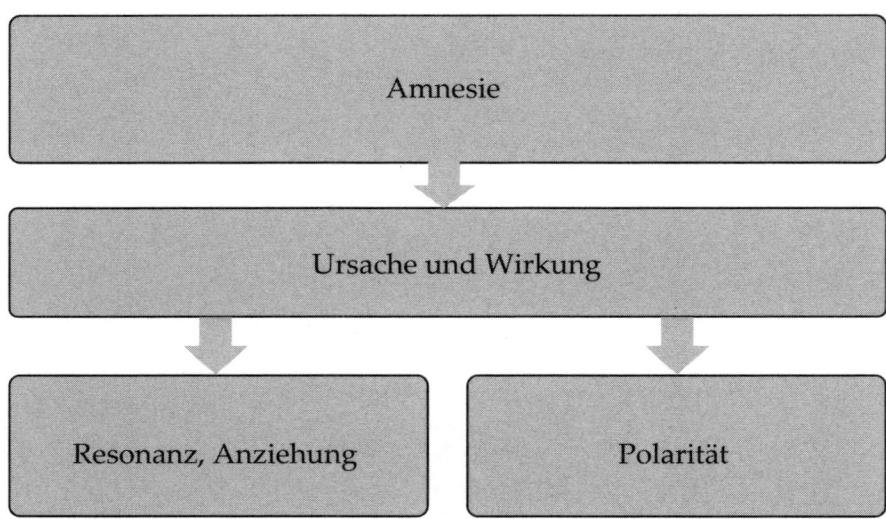

Auch braucht es Klarheit über den eigenen Lebenssinn, die Berufung und das dementsprechendes Handeln. Jeder Mensch, der in Fülle, Freude und im Vertrauen ist, stärkt dieses Resonanzfeld (das morphogenetische Feld von Mutter Erde) und trägt somit zum harmonischen Wandel bei! Was braucht es nun für einen harmonischen Bewusstseinswandel?

Die Einweihung vieler Menschen in den Sinn ihres Lebens, die Lebensgesetze und die Neuausrichtung des morpho-genetischen Feldes von Mutter Erde, damit ein neues Bewusstseinsfeld entsteht. Dazu findest Du im Anhang die Meditation 2012. So erlaube mir nun immer wieder, meine eigenen Erfahrungen aus meinem Prozess 2012 Dir mitzuteilen, denn gerade durch den Erfahrungsaustausch gewinnen wir an Vertrauen und damit der Annahme unseres Selbstes.

Teil 2   Botschaften aus der geistigen Welt

20.03.2010   **Neubeginn**

<Es ist so weit, ein Neubeginn steht an, dies fühle ich deutlich, neues Wissen für das Jetzt! Meine Seele, und Du, EEM, bitte sprecht zu mir, ich bin bereit.>

„Du fühlst richtig, da ist viel Neues und Wahrheit, die jetzt reif ist für Euch! Eine sehr lange Zeit war die Menschheit gefesselt an eine scheinbare Wahrheit, doch diese war durchdrungen von viel Verzerrung dieser Wahrheit, ja sogar bewusst erfüllt von Lügen. Diesem lag nur eines zugrunde, Euch, die Menschheit, in ein Gefängnis zu stecken, indem die Freiheit und ein eigenständiges Sein natürlich unmöglich waren. Dieses Lügengebäude, euer Gefängnis, ist mittlerweile schon sehr durchlöchert und somit ist die Einbringung der Wahrheit leichter."

22.03.2010   **Euer verursachendes Denken**

<EEM und meine Seele, ich fühle mich heute so gleichgültig, danke für aufklärende Worte.>

„Dein Fühlen, besser dein Gefühlszustand entspricht gerade einer Neuprogrammierung. Du bist aus deinem bisherigen Denken, deiner Denkrichtung herausgegangen und in ein neues Denken hineingegangen, welches ausgerichtet ist auf Harmonie und Freude. Du erlebst an Dir selbst, wie klar und eindeutig die neue Energie sofort eurem Denken folgt. Eure

41

Eigenverantwortung ist um ein Vielfaches gestiegen, aber damit auch eure Macht, nun ganz euer Leben selbst zu gestalten. **Uns** ist gar alles jetzt möglich, Wunder und vieles mehr können **Wir** auf den *Pfaden der Fügung* zu Euch geleiten, doch es braucht euer **verursachendes Denken**. Nur noch eure gedankliche Ausrichtung bestimmt die Qualität, besser die Art der Erfahrungen, eurer Erfahrungen. Die Zeit des einfach so Denken-Könnens ist vorbei, jetzt bedarf es wacher Bewusstheit. Um gerade in deinem Leben jetzt die Qualität deiner Gedanken zu erkennen und wenn notwendig, neu auszurichten auf das von Dir Gewünschte. Diese Verantwortung wird weiter zunehmen, denn je weiter das *Energiesystem Erde* sich in die Dimension der 5 begibt, dort gibt es keine Zeit, wie Ihr sie hier in der Dimension der 3 kennt, umso stärker, effektiver und schneller verwirklicht sich euer Jetzt-Denken. Die Chancen für ein neues Leben, ein Leben, das euren kühnsten Träumen entspricht, diese Chancen nehmen von Tag zu Tag immer stärker zu. Euer Leben bekommt dadurch eine völlig andere Qualität, sobald deine gedankliche Ausrichtung bei dem von Dir wirklich Gewünschten ist. Nie war es so leicht, das eigene Leben gemäß den eigenen Wünschen, Träumen und Hoffnungen auszurichten. Doch auch noch niemals zuvor war die Verantwortung eine solch große. **Was macht Ihr vielen Bewussten kollektiv mit dieser eurer Verantwortung?** Worauf richtet Ihr euer Kollektiv-Bewusstsein? Was ist euer Wünschen, euer Wollen für alle, für die gesamte Menschheit? Werdet Ihr eurer Verantwortung für diese große Chance gerecht? Alles ist möglich (3 x niesen durch meinen Sohn Semiel), doch was wählt Ihr als Erfahrung für alle? Die Grundlage für alles sind eure Gedanken und die Basis für jede Veränderung ist **die Entscheidung**. Dies ist Dir bisher in dieser Klarheit so nicht bewusst gewesen. Doch gerade jetzt erkennst Du die Bedeutung, die primäre Wichtigkeit **der Entscheidung**! So frage Du Dich für dein Leben: *Was willst Du?* Und Ihr alle fragt Euch: *Was wollen wir gemeinsam für ein Leben auf diesem Planeten?* Sobald Ihr Klarheit habt über dies wirklich Gewollte, dann heißt es nur noch, treffe die Entscheidung für dies Gewollte, triff sie klar und eindeutig. Formuliere sie am besten in einer schriftlichen Form und dann bringe dies Gewollte in deinem Denken, deinem Fühlen und deinem Sprechen als auch deinem Handeln zum Ausdruck. Immer und überall! Sei und lebe dann nur noch diese deine Entscheidung. Dies ist es, was ein Meister, eine Meisterin tut. Sie oder er wählt das Gewollte, entscheidet sich dafür und lebt es, ganz einfach. *Wähle und entscheide Dich dafür!* Lasse Dich von niemandem zu einem Handeln gegen dein Gefühl verleiten, niemals! Folge in allem stets diesem deinem Gefühl in Dir. Ja, diese Worte sind Dir gegeben in Einheit von **Mir,** EEM und **Mir,** deiner Seele, in Liebe."

23.03.2010 **Gefühlsmäßige Betroffenheit**

<Habt ihr Worte für mich?>

„So viele Du willst! Dein momentanes Selbsterleben zeigt Dir sehr deutlich, was gerade weltweit in den Menschen geschieht. Es ist vor allem die gefühlsmäßige Betroffenheit, die Ihr **alle** erlebt, doch je größer die Bewusstheit und umso tiefer der Wunsch nach Erlösung, nach wahrer Befreiung, umso stärker drängen natürlich all die noch nicht erlösten Anteile in euer

Bewusstsein und damit auch in die zu erfahrende Gefühlswelt. Großes ist jetzt möglich! Befreiung von vielem durch die Bereitschaft des gefühlsmäßigen Annehmens und Hindurchgehens. Dies gerade sind goldene Zeiten, vollbringen sie doch gerade euren größten Wunsch. Die Befreiung von all dem, was Euch noch an die schwere Dimension der 3 bindet, und dadurch die Möglichkeit, aufzusteigen in Euch, in eurem Bewusstsein in die Dimension der 5. Dort ist gar alles möglich! Und nun für Dich im Besonderen, aber auch für Dich, der Du dies gerade liest. Deine Dich gerade so sehr gefühlsmäßig belastenden Lebensumstände haben doch nur diesen einen Grund, **sie machen Dich betroffen im Fühlen, dadurch reagiert dein Bewusstsein und dieses will eine Lösung.** Dies aktiviert deinen freien Willen und damit die Grundvoraussetzung für deine Teilnahme am *Spiel des Lebens*. Dein inneres Bedürfnis nach Befreiung gibt **Uns,** die Dich umgebende geistige Welt, allen voran **Mir,** deiner Seele, die Gelegenheit, Dir Impulse über den Sinn, die Bedeutung und die Lösung zu geben. So zeigt der Grad deiner Betroffenheit vor allem, wie viel jetzt transformiert werden will und kann. All diese alten Muster aus diesem und vielen anderen Leben erfahren jetzt Erlösung. Dadurch, dass Du bewusst und mit ganzem Herzen deine Vollmacht einsetzt und Dich selbst befreist durch deine getroffene Wahl und die aus Vollmacht getroffene Entscheidung. Wähle und entscheide Dich für diese getroffene Wahl! Deine Entscheidung ist dein Auftrag an **Uns,** nun diese deine Wahl umzusetzen. **Jede** Wahl, die mit einer eindeutigen Entscheidung verbunden ist. Wähle wohl, denn deine Wahl ist unser für Dich zu erfüllender Auftrag. Deine Wahl, verbunden mit der klaren Entscheidung, vollbringt die anziehende Erfüllung. Denn die Wahl und die Entscheidung ist für **Uns** die geistige Welt, der zu erbringende Auftrag, unsererseits nun alle zu verknüpfenden Muster zu weben, damit diese dann die Zusammenführung von Entscheidung und dann Erfahrung ermöglichen.

Nun noch etwas sehr Wesentliches für Dich! Bei allem von Dir Gewähltem, verbunden mit der klaren Entscheidung, liegt die Erfüllung dem obersten Prinzip deines Lebens zugrunde, die zu erfüllende Aufgabe. Und nur die gewählten Entscheidungen, die mit dieser Aufgabe korrespondieren, nur sie erlangen Vollendung, indem Du sie erfährst. Und so sind alle deine Wahlen von Dir, die deine zu erfüllende Aufgabe beinhalten, getragen von hoher Verwirklichungseffizienz. Habe Du den Mut, auch stets dein Gefühltes offen auszusprechen und sieh, was sich dann ergibt. Wisse, Du kannst mit **Mir,** deiner Seele, und mit **Mir,** deinem Schutzengel, über alles sprechen, für **Uns** gibt es keine Tabus, denn dies ist etwas rein Menschliches. In Liebe **Wir** für Dich!"

03.04.2010 **Neuausrichtung des morphogenetischen Feldes**

<Habe immer wieder unsere neue AGIP-Tankstelle gesehen, nun bin ich hier, bereit, eure Worte zu empfangen!>

„Ja angekündigt in deinem Fühlen und auch als Bild hierher zu kommen, haben **Wir** uns, die Seelen aus Gott, mit Dir uns verbunden. Um diese so wertvollen Worte gerade jetzt Dir mitzuteilen, auf dass Du sie weitergibst an alle sie, die zu Erweckenden, damit sie alle sich erinnern, wer sie sind und warum sie hier sind! Wieder einmal geschieht Gravierendes, die erhaltene Mail zeigt es Dir. Die Mächtigen versuchen gerade gar vieles, um ihren, so meinen sie, Untergang zu verhindern. Eines davon ist die Verbreitung der Botschaft, es würde keine Transformation geben, 2012 wäre nicht jetzt."

<Ich selbst bekam heute eine Mail, in der ein renommierter Wissenschaftler nach 40-jähriger intensiver Suche Atlantis und die goldenen Tafeln von Atlantis und im Anschluss sofort die Information, dass der Mayakalender falsch sei, wir in einer anderen Zeit leben. Zuerst durch diese Informationen von Atlantis war ich natürlich neugierig *gemacht worden*, und als dann diese Informationen von den Mayas kamen, da spürte ich deutlich, da stimmt etwas nicht, da ist etwas gemacht, um uns wegzulenken!>

„Auch treffen sie gerade gravierende Entscheidungen, die Ihr alle im Herbst dieses Jahres (*<ab Sept. 2010>*) erfahren werdet."

<Was für Entscheidungen sind dies?>

„Die Chipierung und vieles mehr, die Details würden Euch mehr verwirren, als dass sie Euch dienen! So braucht es jetzt Euch, euer Wissen darüber und dann eure Bereitschaft, dies zu neutralisieren. Wie? Indem Ihr in größtmöglicher Anzahl gemeinsam das morphogenetische Feld programmiert, es vorbereitet, gegen diese geplanten Veränderungen zu wirken. **Denn nur die Veränderungen können umgesetzt werden, die eine Affinität im morphogenetischen Feld finden. Ist das Feld aber bereits anders programmiert, dann ist eine getroffene Entscheidung ohne die Grundlage, diese auch im Materiellen umzusetzen.**"

<Ist das wie mit unseren Entscheidungen, die getroffen werden von uns, unserer Seele übergeben werden, aber nicht von der Seele umgesetzt werden können, wenn sie gegen unsere Bestimmung gehen?>

„Ja, genau! Eure Wirkmöglichkeit als Familie, gemeinsam zu wirken, wird nun immer wichtiger, denn gemeinsam wirkend werdet Ihr nun gar vieles verhindern!

Nun die von Euch zu erbringende Programmierung:

An die Quelle allen Seins, Wir, die An Kana Te, Hüter von Mutter Erde, Bewahrer der Menschheit, bitten Dich um die Erlaubnis, das morphogenetische Feld von Mutter Erde nun zu programmieren in der Farbe Gold, Stärke = göttliche Präsenz!? ERLAUBNIS ERTEILT!

(<Wow, so viel Energie kann fast nicht schreiben!>)

Wir, die An Kana Te, Hüter von Mutter Erde seit Anbeginn der Zeit, programmieren jetzt in der Farbe Gold, mit der Erlaubnis der Quelle allen Seins, das morphogenetische Feld von Mutter Erde *Gaia*, jetzt!

Code: 777   Schlüssel: 9   Energie: Liebe

Ab sofort sind nur noch die Handlungen möglich, die direkt zum harmonischen Aufstieg von Mutter Erde und der gesamten Menschheit dienen. Jeder Gedanke, getragen von dem Gefühl der Liebe, hat 1.000 x 1.000 Verwirklichungskraft.

Freisetzung der implantierten Liebeskraft des Meisterlehrers und Avatars Jeshua, jetzt!

(<Muss weinen, zittere am ganzen Körper, so viel Liebe.>)

Aktivierung Lichtgitternetz ganze Erde, jetzt! Ausschüttung aller vorhandenen, gespeicherten Liebesenergie, jetzt!

Nun liegt es an Euch! Vollführt dies bei jedem eurer Treffen, wann immer Ihr zusammenkommt, tut es im Bewusstsein eurer Macht und Stärke. Jetzt wisst Ihr, warum Ihr alle da seid. Diese Programmierung des für Euch alle bindenden morphogenetischen Feldes ist nur aus dem System möglich. Dies war ein Hauptgrund, die oberste Aufgabe von Mir Jeshua, diese Programmierung vorzubereiten, bis die Zeit reif ist. Doch nur *Menschen*, inwendige Engel Gottes, haben die Macht, diese Energie freizusetzen, nur sie und damit Ihr. Jetzt findet die Erfüllung statt, dessen, warum Ihr hier seid! In Liebe, **Wir**, die Seelen aus Gott, Erzengel Michael und ich, Jeshua, für Euch alle.“

<Wow, danke! Die Konsequenz dieser Neuprogrammierung des morphogenetischen Feldes jetzt durch Uns, die An Kana Te, wir, die die Erlaubnis der Quelle allen Seins haben, und da wir Menschen sind, also Teilnehmer des Spieles, aber auch inwendig die Engel Gottes auf Erden. Wir haben die Macht, das morphogenetische Feld zu programmieren und dann können nur noch die Handlungen, selbst von den Mächtigen, vorgenommen werden, die dieser Programmierung entsprechen, nämlich Handlungen für einen harmonischen Aufstieg von Mutter Erde und aller Menschen. Wow, ist das genial. Jetzt braucht es viele von uns, sehr viele!>

05.04.2010 **Die Macht eurer Entscheidungen**

<Meine Seele, möchtest Du zu mir sprechen?>

„Von ganzem Seelenherzen sage, übermittle **Ich** Dir dies. Du selbst hast gerade in deinem eigenen Erfühlen erkannt, wie bedeutend gerade jetzt für Euch die getroffene Wahl und dann die eindeutige Entscheidung dafür sind. Denn euer Erfühlen wird ausschließlich jetzt noch bestimmt von euren getroffenen Entscheidungen, denn euer weiteres Leben folgt präzise ausgerichtet **diesen euren Entscheidungen**. Solltet Ihr keine klaren, bewussten Entscheidungen fällen, dann seid Ihr wie ein Boot, das auf dem Meer verloren dahintreibt. Ohne klare Entscheidungen bestimmen eure Jetzt-Gedanken und eure Gefühlswelt auch eure Erfahrungen. Je nachdem, wie sehr eure Gedanken sich bei einem *festbeißen* oder ständig springen von hier nach dort, ist dies eure erfahrene Realität. Eine klar ausgesprochene, besser schriftlich formulierte Wahl, Absicht und Entscheidung richtet euren gedanklichen Fokus aus auf eben diese getroffene Wahl. Die Entscheidung, eure Entscheidung, legt den Kurs fest und lässt euer Lebensschiff **sofort** in Richtung dieser Wahl sich hinbewegen. Die Entscheidung ist das Anwerfen eures Lebensmotors. Du selbst hast gerade *am eigenen Leib* erfahren, wie wesentlich eure immer wieder ausgeführte Wahl und die dann getroffene Entscheidung ist. 2010 ist das Jahr der Aktivierung, damit auch der machtvollen Erkenntnis, jetzt ist Dir und Euch **alles möglich!** Wählt wohl und bedenkt bei eurer Wahl die Notwendigkeit der Einheit jeder getroffenen Wahl mit eurer Bestimmung, und dann trefft machtvoll die Entscheidung, dies Gewählte nun zu erfahren. Dann überlasse die Vollbringung, die Umsetzung ganz **Mir**, deiner SEELE. Mache Dir keine Gedanken über das Wie, keine! Wisse, besser mache Dir immer wieder bewusst deine getroffene Wahl, deine Absicht, die durch deine Entscheidung sofort in Gang gesetzt wurde. **DU** bestimmst deinen Lebenskurs, **Ich,** deine Seele, bin dein Boot, deine Mannschaft und verantwortlich für Sprit, Lebensmittel, den von Dir bestimmten Kurs einzuhalten. Deine Entscheidung, die ja gegründet ist auf deiner **Mir** erteilten Vollmacht, lässt **Mich** dein Autopilot sein. Bist Du frei von jedem Zweifel, dann bringe **Ich** Dich sicher ans Ziel. Durch die erteilte Vollmacht sind wir beide eine Einheit, wobei Du die Aufgabe hast, jeweils den Kurs festzulegen, dies erbringst Du durch deine getroffene Wahl und durch deine Entscheidung zu dieser Wahl. Meine Aufgabe ist dann, Dich bestmöglich dorthin zu bringen. Von Dir zu beachten ist nur die Übereinstimmung deiner Wahl mit deiner Lebensbestimmung, vor allem darf eine Wahl nie gegen diese Bestimmung sein! Du erkennst, wie einfach euer Leben mittlerweile geworden ist. Es braucht nur noch diese von Dir bewusst gemachte Wahl des **wirklich Gewollten** und die Entscheidung hierfür, die der sofortige Auftrag ist an **Mich,** deiner machtvollen Seele. So einfach und doch für viele immer noch *schwierig*, da ihnen ihre eigene Macht, die ihnen aus der Seele erwächst, besser der Wiedervereinigung mit ihrer Seele. Dies ist die größte Wahrheit für Euch alle und damit die Chance, diese eure Welt von aller noch vorhandenen Disharmonie zu befreien. Doch zuerst braucht es die erfahrene Gewissheit für Euch in eigenen Leben, die Euch diese Sicherheit gibt, ja, es ist alles möglich. Diese von Dir in deinem eigenen Leben erworbene Gewissheit, diese eindeutige Sicherheit gibt Euch allen zusammen den Mut. Gegründet auf diesem inneren Wissen, gemeinsam eine Wahl über den Zustand, den gewollten Zustand dieser eurer Welt zu treffen und dann gemeinsam dafür eine Entscheidung zu fällen. Dies ist der Grund, der Sinn eures Hierseins. Welch göttlicher Plan, der hier in Vollkommenheit sich vor euren Augen erfüllt. **Wir**, eure Seelen, sind allzeit bei Euch, bereit, alles von Euch Bestellte zu liefern. So vertraut auf **Uns**, wählt, entscheidet Euch und öffnet eure Arme, um zu empfangen all das Gute für Euch.

In Liebe, **Wir,** eure Seelen, und **Ich**, deine Seele für Dich."

06.04.2010 Komprimierte Erfahrung

<Meine Seele, Du hast Worte für mich?>

„Ich habe immer Worte für Dich, da ich immer auch in Kontakt bin mit Dir. Auch wenn Du mich ein manches Mal eher wenig oder fast gar nicht wahrnimmst, so bin ich immer da. Doch Du kannst diese Zeit bewusst verkürzen, indem Du dies so willst. Sobald Du wieder diese Nichtwahrnehmung empfindest, gib den Auftrag an mich zu *komprimierter Erfahrung*, dann ist es mir möglich, in einem speziell für Dich verdichteten Zeitraum Dir diese Möglichkeit zur Selbsterfahrung zu geben, dies aber in einer sehr verkürzten Zeitspanne. So ist in dieser Zeit gar alles möglich, es braucht nur euer Bewusstsein, das Erkennen und daraus den von Dir bewusst gestellten Auftrag. In Einheit mit Mir, deiner Seele, ist jetzt alles möglich."

07.04.2010 Erfahrung aller Gefühle

„In allem ist für Dich tiefe Sinnhaftigkeit. Dein Erleben, besser dein Erfahren dient in allem deiner Entwicklung, welche notwendig ist und auf ein Ziel hinsteuert. Das Ziel ist Voll-

kommenheit und diese setzt ein vollkommenes Erfahrungs-potenzial voraus. **Denn nur wenn alle Gefühle in genügender Intensität erlebt und erfahren** in Dir vorhandenen sind, ist damit die Grundlage geschaffen für Vollkommenheit. So dient jede von Dir erfahrene Lebenssituation, ja jede, Dir zu deiner Entwicklung. Keine von ihnen ist zufällig oder passiert halt, **alle** Erfahrungen gehören zum sich erfüllenden Plan. Dies ist die für Dich alles verändernde Wahrheit, das bewusste Erleben, sich hindurch begeben erbringt die Vollendung. Du hast Dich, wie so viele, angemeldet für die höchste zu erfahrende Stufe, die Stufe der Vollkommenheit. Damit verbunden ist natürlich das höchste und herausforderndste Level, welches es gibt, und dementsprechend sind alle deine Erfahrungen teilweise sehr komprimiert, abgestimmt zur Erfüllung dieses höchsten Levels. Vertraue **Mir** und **Ihm**, da sind **nur** Sinnhaftigkeit in allen deinen Lebensbereichen und **alles** von Dir Erlebte wird gebraucht, ist notwendig zur Erfüllung, zur Erbringung dieses Höchstlevels. Und ja Wir führen all dies von Dir Benötigte zu Dir und veranlassen Dich durch Gedanken und Gefühle zu dem von Dir zu Erfahrendem. So vertraue und erfülle dein **Sein** mit Gelassenheit, denn Du weißt, **alles** hat seine notwendige Berechtigung!
In Liebe, Dir diese Wahrheit vermittelnd, deine Seele."

09.04.2010 **Aktivierung jetzt!**

„Wie Du es bereits durch mein in Dir angekündigtes Fühlen erkannt hast, habe **Ich**, die Erzengelkraft Michael, Worte für

Dich, doch heute bin **Ich** in Einheit mit Ihnen allen, den Erzengelkräften!"

<Dann sage ich danke für diese Ehre und im Namen unser aller Quelle seid gegrüßt von mir!>

„Wir grüßen Dich! Du fühlst gerade jetzt, wer **Wir** zu Dir sind! Deine *Brüder und Schwestern*, Dir alle wohlbekannt und somit tief verbunden. Gemeinsam in einer Sprache sprechen **Wir** nun zu Dir, dem Menschen Michael **und zu Dir,** der Du diese Worte, die tief erfüllt sind von unserer Energie, gerade in Dich aufnimmst. Halte nur kurz inne und fühle die Energie in Dir, denn es ist unsere Energie, die Energie des Kollektivs des Lichtes, der Liebe und Wahrheit. Und diese aktiviert nun Dich! Du kannst es gerne verstärken, indem Du es jetzt laut aussprichst, gleichgültig, wo Du gerade bist! **Aktivierung jetzt!**

<Wow, das ist so fantastisch! Ich habe ja diese Worte bereits am 09.04.2010 von Hand niedergeschrieben und erst heute am 03.11.2011 vollende ich dieses Buch und übertrage sie nun in eine Word-Datei. Damals haben sie direkt zu mir gesprochen, doch heute sprechen sie zu Dir und mir und ich habe gerade die Aktivierung laut ausgesprochen, dabei ging ein Energieschauer durch mich und ich weiß auch durch Dich. Denn wir beide sind gerade verbunden. So grüße ich Dich und sende Dir meine Liebe und Freude, jetzt!>

„So erlaubt **Uns** nun, zu Euch zu sprechen. Es ist für Euch jetzt von großer Bedeutung, dass Ihr in allem stets ganz bei Euch seid. Gerade jetzt geschieht auf kollektiver Ebene sehr vieles. Das *Machtverhältnis* ist dabei, sich auf die Seite des Lichtes und damit der Wahrheit und Klarheit zu begeben. Mehr denn je braucht es jetzt Euch, die An kana Te, die Hüter von Mutter Erde, seit Anbeginn. Ja Euch, die Engel Gottes, die zuerst gemeinsam diese Welt erschaffen haben, um dann selbst in ihr teilzunehmen am Entwicklungs- und Schöpfungsprozess für eigenständiges Bewusstsein. Für Euch als *Menschen* ist viel Zeit seither vergangen, sehr viel Zeit. Jetzt beginnt wieder **eure** Zeit, das von Euch Begonnene erfährt nun die Vollendung. Dazu braucht es Euch, eine Jede, einen Jeden! Ihr seid alle von eurer Seele und von **Uns**, den Euch begleitenden Schutzengeln, *vorbereitet*. Doch was es jetzt noch braucht, ist eure Bewusstmachung, **wer Ihr wirklich seid!** Erst durch die volle Erkenntnis, wer Ihr alle seid, kommt Ihr wieder in eure Kraft! Du, Michael, hast wohl erkannt, was es jetzt braucht, nun heißt es für Dich, mit **Uns** ihnen allen dies zu vermitteln. Keine leichte Aufgabe, aber eine zu lösende. Wir sind alle direkt bei Dir in deiner Aura, ja alle! Und jetzt auch bei Dir, der Du dies jetzt gerade liest und es als gefühlte Wahrheit in Dich aufgenommen hast!"

<Ich fühle so deutlich, wie sehr es auf sie alle ankommt, aber sie zu erreichen und ihren freien Willen zu achten, dies ist für mich die zu lösende Aufgabe (Wie erkläre ich Erstklässlern, dass sie in Wahrheit Professoren sind?). Werdet Ihr nun bei den Live-Channelings darauf eingehen und werdet Ihr sie alle Euch fühlbar wahrnehmen lassen?>

„Dies werden **Wir**, doch es braucht beides, das Medium und den Menschen, beides! Vertraue, wie immer öffnen **Wir** die zu gehenden Wege für Dich, alle. Es gibt viel nun zu tun für Dich, sehr viel, aber noch mehr zu SEIN! Bist Du bereit?"

*<Ja! Aus meinem heiligen Eid vor Gott, der Quelle allen **Seins**, sage ich, Michael Elrahim Amira, so sei es! Nun geschieht der Wille des Göttlichen! VaterMutterGott, dein Wille geschieht jetzt! Wirke Du in allem durch Mich. Euch allen, geliebte Erzengelkräfte, gebe ich hiermit die Erlaubnis, die Herzensbitte und die klare Entscheidung: **Wirkt durch mich!** In Liebe Euch allen verbunden, euer Michael Elrahim Amira.>*

„Dies ist die beste Wahl und so sei es!"

13.04.2010 Erfahrung der 5. Dimension ist Gleichgültigkeit

<...fühle mich wie in der 5. Dimension, keine klaren Gedanken fassen können, nur einfach sein! EEM, gibt es Worte?>

„Dein Fühlen ist die Wahrnehmung der Dimension der 5, denn dort gibt es eine höherschwingende Bewusstseinsenergie und diese ist natürlich eine gleichwohl andere, als diese der Dimension der 3. Diese ständige Ausrichtung auf bestimmte Gedankenfelder, gibt es so nur in dieser niederen Dimension der 3. Dort seid ihr wie gezwungen, immer wieder ähnliche Gedankenmuster zu benutzen. Hier in der Dimension der 5 ist eher ein gleichbleibendes Fließen, in dem ihr Euch automatisch befindet und nur wenn ihr dies bewusst wählt, könnt ihr in Gedankenkanäle hineingehen und dort seid ihr in der Lage, Euch auf ein Thema, ein Gedankenmuster zu konzentrieren. So bedeutet der Aufstieg für alle vor allem gedankliche Freiheit und aus ihr ergibt sich automatisch die materielle, körperliche Erfahrung. So ist der Euch bevorstehende Wandel vor allem eine neue Art der Wahrnehmung, auch eures möglichen

Denkens. **Die wirkliche Veränderung wird für Euch vor allem erfühlbar sein, sehr klar und sehr deutlich!** Doch erleben manche von Euch bereits jetzt, so wie Du, wie es sich *dort* anfühlt. Dieser gerade von Dir erlebte Zustand gibt Dir die Möglichkeit zu erkennen, was Dir wirklich wichtig ist. Teste es selbst, denke in diesem Zustand an etwas! Du erkennst selbst sofort an dem dabei empfundenen Gefühl, was sinnvoll für Dich und für Euch ist."

<Passt, was gibt es noch zu beachten, zu wissen?>

„Fühle die Verwirklichungskraft deiner Gedanken! Fühle, wie Du ganz bewusst deine Gedanken und damit den Fokus deiner Kraft in Dir lenken kannst. Die Ausrichtung deiner Verwirklichungskraft folgt deiner Aufmerksamkeit. Es ist für Dich, für Euch alle gerade jetzt ein so Leichtes, zu bewirken, was Euch wichtig ist, so sehr am Herzen liegt. Unendliche Kraft in einem Jeden, einer Jeden von Euch. Eine Kraft, die beständig aus Euch heraus und in diese Welt hineinströmt. Eine Kraft, welche in der Lage ist, **alles** zu bewirken, allein durch ihre Ausrichtung durch Euch und dann ihre anziehende Stärke. **Alles** ist möglich, ja **alles**! Sehe in allem das Gelingen, den Erfolg, euer Zusammenkommen, euer Zusammensein! Das ist, was es braucht, dies ist deine / eure Aufgabe für **Uns alle**!"

20.04.2010 Alle Kraft zur Veränderung liegt in Dir

„...(*<Kribbeln in meiner Wirbelsäule pur, deutliches Zeichen meines Schutzengels EEM>*) wie Du gerade es sehr deutlich selbst erlebst, findet eine direkte Konfrontation auf der materiellen

Ebene statt. Sie vollbringt die sich zeigende Bewusstseinsenergie und damit, welch *geistiges Kind* ein jeder Spielteilnehmer ist. Eure Lebenssituationen, vor allem nach der Übergabe der Vollmacht an die Seele, sind in höchstem Maße seelenkreiert. Erschaffen für Euch, um Euch durch das bewusste Erleben aufzuzeigen, wo Ihr mit eurem Bewusstsein Euch befindet, und auch die Menschen, die Euch umgeben. Es ist jetzt von allergrößter Bedeutung, dass Ihr genau erkennt und wahrnehmt, wer ist der Mensch, der dieselbe Raumzeit-Energie mit Euch teilt. Euch abzugrenzen von diesen schädlichen menschlichen Energieträgern, dies ist die Aufgabe und Herausforderung dieser gerade erlebten Zeit. Nur die von Dir dann sofortige Umsetzung des Erkannten bringt die für Dich so notwendige Lösung. In allem ist es von größter Bedeutung, dass Ihr Euch *hindurchfühlt*, immer bewusst in eurem Augenblick seid, denn dann sagt Euch eure innere Wahrnehmung, eure Seelenpräsenz, ganz deutlich, was gerade in eurem / deinem Jetzt das Beste in allem für Dich ist. Dein zurzeit Erleben ist sehr stark geprägt von der Energie des Veränderns. Deine Lebensbereiche unterliegen einer sehr hohen Wandlungsbereitschaft deinerseits und gleichzeitig der Aufgabe in allem die Mitte zu sehen, in die Mitte zu gehen. So ist es zuerst die Aufgabe in allem, die Ausgangslage, die evtl. noch vorhandene Verhaftung zu erkennen, damit dann in Dir die Möglichkeit vorhanden ist, jeden einzelnen Lebensbereich auszurichten vom Ist-Zustand zu dem von Dir Gewollten. Doch zuerst besteht die Notwendigkeit von **Uns**, Dich in diese Klarheit zu bringen, welche nur im direkten Erleben Dir das wirklich Gewollte aufzeigt. Alles von Dir für Dich disharmonisch Erkannte braucht durch das Erkennen dann die klare Absicht, dies Disharmonische abzugeben. Das für Dich / Euch Sinnvolle zu erkennen, braucht oft das zuerst Erkennen der Disharmonie, des für Euch Störenden. Je stärker deine / eure Betroffenheit, umso deutlicher und wichtiger ist es gerade in diesem Bereich, Veränderung zu veranlassen. So frage Dich, was bringt Dich in Disharmonie? Wo geht etwas gegen deine Bestimmung? Wo fällst Du aus deiner inneren Harmonie? Wer ist dafür verantwortlich? Was sind deine Grundbedürfnisse? Bist Du in allem Dir selbst treu? Das sind alles Fragen von höchster Brisanz, da sie meist den Lebenskern von Dir selbst betreffen. Doch in ihnen liegt der Schlüssel zu deinem wahren tiefen inneren Glück. Freude ist das Ziel, so frage Dich, wo hast Du bereits Freude und wo braucht es Veränderung, Mut, neue Ausrichtung und die gelebte, ausgedrückte Klarheit, dies Neue auch zu leben? Wisse, alle Weisheit und **alle Kraft** zur Veränderung liegt in Dir! Erkenne und wähle, triff eine Entscheidung und übergib diese an **Uns**. Alles andere ist unsere Erfüllung für Dich! In Liebe, EEM."

„Die Kraft zur Veränderung, zur Lösung kommt aus Mir, deiner Seele und alles ist möglich, ja alles!

Nutze diese Kraft in Dir für die gewollte Veränderung. Sei selbst Veränderung! Lebe dein von Dir Gewünschtes! Alles ist bereit, kann abgerufen werden von Dir.
Sei bei Dir.
Die äußere Veränderung braucht immer zuerst die Innere, dies ist die Voraussetzung und der Weg zur Umsetzung."

08.05.2010 … **Transformation aller Gefühlsenergien**

<Befinde mich auf der Messe in Wien und fühle sehr starke disharmonische Energien. Gibt es dazu Worte?>

„Ja natürlich! Das von Dir wahrgenommene Gefühl ist die weltweite Disharmonie, in der ein Großteil der Menschen sich aufhält. Es gibt ein transformierendes Wirken durch Dich, welches Dir ja bereits aus Saar-Louis mehr als bekannt ist (habe darüber in Teil 2 von meinem für Dich-Buch berichtet). Doch dieses Mal ist es anders, feiner, um ein Vielfaches intensiver. Doch es braucht deine bewusste Entscheidung, dies vorhandene Gefühlspotenzial höher zu verwandeln. Nur die Absicht mit der getroffenen Entscheidung vollbringt die Erlösung all dieser vorhandenen Gefühlsenergien. So nutze deine kraftvolle Absicht und entscheide Dich für die Auflösung."

<Ich, Michael Elrahim Amira, sage es jetzt, es ist meine Absicht, meine Entscheidung, ja, ich bin bereit, eins mit meiner Seele, eins mit Gott in mir, eins mit Jeshua und Erzengel Michael erstelle ich jetzt einen Transformationskanal über Olysse mein Hohes Selbst und sage jetzt:
Transformation all dieser Gefühlsenergien im Namen Gottes, unser aller Quelle, jetzt! Ich bitte Dich, Engel der Gnade, mir bei dieser Höherverwandlung beizustehen und zu helfen, danke! *Dies kannst auch Du, meine liebe Leserin, mein lieber Leser, jederzeit selbst in Auftrag geben, wo immer Du auch disharmonische Gefühle wahrnimmst. Du kannst sofort die Worte benutzen, die fett gedruckt sind, denn wie mir gerade die geistige Welt vermittelt, wurde gerade*

von mir ein permanent vorhandener Kanal erstellt, der immer erhalten bleibt und so von uns allen jederzeit leicht genutzt werden kann. Dies ist Transformation im Großen pur! Danke Dir von Herzen für dein Wirken, wo immer Du auch gerade bist!>

22.06.2010: **Botschaft für … Umbanetol:**

„Mein geliebter Engel!
Gerade dein Vertrauen in mich hat Dich doch in deine jetzt gerade empfundenen Lebensumstände gebracht! Wie wohl fühlte sich (fühlt, da es keine Zeit gibt!) wohl Abraham, als er seinen einzigen Sohn Gott opfern sollte? Caesars, als Brutus ihn verraten hat? Columbus, als nach so vielen Tagen kein Land in Sicht kam und die Mannschaft meutern wollte? Michael Ballack, der nicht an der WM teilnehmen konnte, seinem letzten großen Ziel? Euer Bundespräsident, der zurücktreten musste? Barack Obama täglich, wenn er nicht das verwirklichen kann, wie er es gerne hätte? Sie alle und viele, viele Menschen befinden sich täglich in einer ähnlichen Situation wie Du, mein geliebter Engel. Doch gerade all Ihr Großen handelt weiter im **Vertrauen**, das hinter all dem ein **tiefer Sinn** liegt. Du siehst bei all deinem Wirken gerade nur, ob es Geld bringt oder nicht. Dein Wirken ist viel mehr wert als alles Geld dieser Welt, doch dein Sein, **dein Gefühlszustand bringt Dir deine Früchte**, so schaue Dir einfach deine Früchte an, **dann erkennst Du deine wirkliche geistige Saat**. Niemals bestrafe, verlasse oder dergleichen **Ich** Dich, niemals! Aber **Du** kannst Dich von mir entfernen, immer dann, wenn deine Angst größer ist als dein Vertrauen und an deiner Ernte erkennst Du deine Aus-Saat. Wirkliches Vertrauen bedeutet in aller

Konsequenz das vollkommene Wissen, dass die Fülle dein ist. Nun prüfe Du dich selbst, wo bist Du mit deinem wirklichen Vertrauen? Bist Du bereit, alles loszulassen, Dich in meine Hände zu begeben, gleichgültig, wohin ich Dich dann führe? Diese Seelenprüfung, wie Du sie gerade erlebst, sie wird nur ein einziges Mal in einem Reinkarnationszyklus gestellt, und auch nur bei den ganz großen, reifen Seelen, nur ein Mal. Eine lange Reifeperiode ist dem allem vorausgegangen, eine sehr lange! So wähle nun Du, Fortsetzung oder Abbruch? Ein normales Weiterleben oder höchste Verwirklichung? Dies frage ICH Dich in aller Liebe und Verbundenheit, Umbanetol, deine Seele aus Gott."

28.06.2010   Die gefühlte Präsenz der Seele in Dir

<Es ist sonnig, die Vögel singen, ich fühle mich so wohl und doch ist da auch die Frage nach dem Sinn meines Wirkens. Was mache ich da? Es läuft gut, aber es ist von Größe, Wachstum aus meiner Sicht weit entfernt. Seit Wochen gibt es keine Botschaften mehr, ich wünsche mir auch, viel mehr zu bewirken und ihr könntet viel mehr durch mich wirken, viel mehr. Liegt es an mir, dem Menschen, der sich zu wichtig nimmt? Danke für eure klärenden Worte.>

„**Immer haben die Gefühle in Dir eine Bedeutung,** diesen solltest Du, solltet Ihr am meisten Bedeutung geben. Nicht deine Lebensumstände, nicht deine Gedanken, sondern allein deine Gefühle zeigen Dir die wahre Bedeutung dieser deiner Lebensumstände. Eure Gefühle haben oberste Priorität, denn sie zeigen die Seelenpräsenz, ausgedrückt durch euer Fühlen. Gerade jetzt ist bei Dir dein Denken, die *Analyse* deiner

Lebensumstände fast im großen Widerspruch zu dem, was Du fühlst!"

<Stimmt, das Denken sagt: *Da läuft was falsch!*, doch mein Fühlen ist tiefste Ruhe und Gelassenheit. Eine tief empfundene Dankbarkeit und Freude über mich selbst. Dieses Fühlen ist frei von dem Erlebten, dem Gedachten, obwohl doch das Erleben und das Denken scheinbar mein Fühlen bestimmt? Es hat sich hier etwas Tiefgreifendes verändert!>

„Ja, das hat es! Du bist nun dem Geheimnis dessen, worum es wirklich geht, sehr nahe. All das Geschehene, von Dir notwendig zu Erfahrende war wichtig, um Dich dadurch in diesen erlebten Gefühlszustand zu führen. Genau dies ist die direkte, unmittelbar erlebte und gefühlte Präsenz der Seele in Dir. **Sobald dieser Zustand erreicht ist, wirkt nicht mehr das menschliche Bewusstsein über die Gedanken, sondern die Seele über das Fühlen. Es ist wie eine Umpolung! Von Gedanken, die Gefühle erzeugen, über Handeln hin zur erlebten Erfahrung. Doch jetzt kommen die Gefühle direkt aus der Seele, daraus ergeben sich direkte Lebenserfahrungen, und dies frei von den gedachten Gedanken.**
Dein von Dir gegangener Weg hat Dich dorthin geführt, zu dieser Umpolung! Jetzt erfüllt sich dieser göttliche Plan im Fluss der Zeit."

13.07.2010 Erfüllung deines Seelenplanes

<EEM, danke für deine Worte für mich.>

„Es gibt da etwas, für das jetzt die Zeit reif ist, Dir Folgendes mitzuteilen. Immer ist bei all deinem Erleben ein für Dich notwendig ablaufendes Erfahren-Wollen vorhanden. Dies braucht es, um Dich durch diese von Dir gemachten Erfahrungen und die dadurch in Dir entstehenden Gefühle für Dich erfahrbar werden zu lassen. **Ohne** diese oft sehr speziellen Erfahrungen wäre es für Dich unmöglich, deine sehr spezielle Aufgabe zu erfüllen. Deshalb sage **Ich** es Dir hiermit ganz deutlich! **Jede**, absolut **jede** deiner erlebten Erfahrungen sind Dir zugeführt von **Uns**, ja eine **jede**! Durch deine vollkommene Einheit mit deiner Seele erfüllt sich Schritt für Schritt dein Seelenplan. Alles von Dir Erfahrene ist in deinem Seelenplan enthalten und notwendig Wichtiges für Dich. Immer dann, wenn Du wie völlig intuitiv handelst, läuft hier unsere Führung für Dich ab. Auch alle deine Wünsche, dein zu erfahrendes Wollen kommt von **Uns**. Mit **Uns** meine **Ich**, deine Seele, **Mich**, EEM, Amrides und Ihn, Jeshua, auch die Seelen aus Gott sind involviert, da Du für ihre Seelenanteile der Schlüssel bist. Also wisse dies nun und vertraue auf **nur** sinnvolle Erfahrungen, gleichgültig, welche diese sind. Dies ist sehr, von sogar ausschlaggebender Bedeutung, da gerade jetzt viele außergewöhnliche Erfahrungen für Dich anstehen.“

30.07.2010 Alles beginnt zuerst im Geistigen

<EEM, was geschieht auf unserer Welt?>

„Die Wahrheit ist, dass gerade jetzt eure Welt dabei ist, sich kollektiv für den Aufstieg vorzubereiten, dies geschieht auf molekularer Ebene automatisch. Euer menschliches Bewusstsein weiß nur noch nichts davon. Die Veränderungen vollziehen sich immer zuerst auf den für Euch unsichtbaren Ebenen, doch sobald dort die Veränderungen vollzogen sind, geht auf eurer wahrnehmbaren Ebene alles sehr schnell. Ja, die Veränderungen für diese Welt sind von immenser Größe. Da diese immer zuerst auf der geistigen Seite und damit für euer menschliches Auge unsichtbar sind, habt Ihr die äußere Wahrnehmung, die scheinbar alles beim Alten belässt. Und doch habt Ihr auch Gefühle, die Euch deutlich bereits diese Veränderungen fühlen lassen. So entsteht in Dir Verwirrung, da Erleben / Sehen und Fühlen zwei völlig verschiedene Erfahrungen Dir / Euch anzeigen. Deshalb ist es von grundlegender Bedeutung, dass Du / Ihr diese Dinge wisst, damit Ihr den Veränderungen vertrauen könnt. Gerade dann, wenn sie **noch** für dein menschliches Auge unsichtbar sind. Doch die Überstimmung des geistig Vorhandenen von Dir bereits Gefühlten und der materiellen Sichtbarwerdung, dies vollzieht sich nun immer schneller. So lebe vertrauensvoll hörend auf das, was deine Gefühle Dir sagen."

04.08.2010 Programmierung deines Bewusstseinsfeldes

<EEM, wie baue ich jetzt ein Bewusstseinsfeld auf, welches jetzt Großes gelingen lässt? Wie erreichen wir die Millionen An kana Te weltweit?>

„Dies ist die zentrale Frage! Was denkst und fühlst Du? Doch wie Dir ja bereits an anderer Stelle vermittelt ist die entscheidende Ebene dein Fühlen, denn dies ergibt sich ja mittlerweile auf Seelenebene und so ergibt sich ja dein weiteres

Erleben aus dem Wirken deiner Seele für Dich, es zeigt sich ja nun vollkommen die Erfüllung deines Seelenplanes von selbst. Du kannst dies Wirken deiner Seele nun mächtig unterstützen, sobald Du gerade jetzt dein Denken erfüllst mit deinen Herzenswünschen. Treffe in Einheit mit deiner Seele, deinen Herzenswünschen gerade jetzt.

Treffe klar definierte Absichtserklärungen und erfülle dein **Sein** mit diesen, dadurch erzeugst Du das dafür benötigte Bewusstseinsfeld. Dies sind deine Hauptaufgabe und auch die unsere.

Gerade jetzt ist die *Programmierung* deines Bewusstseinsfeldes das Wesentlichste. Jeder Gedanke der Fülle, getragen vom Gefühl der Fülle, lädt dein Bewusstseinsfeld auf mit dieser Fülle. Die Stärke und Klarheit dieser Gedanken und Gefühle bestimmen die Ausstrahlungskraft dieses deines Feldes. Gerade jetzt, in dieser letzten Phase der Transformation, ist es für Euch alle so einfach, alles zu Euch zu ziehen, was ihr Euch von Herzen wünscht und was auch zu Euch gehört. Indem Ihr bewusst euer Feld aufbaut und immer wieder aufladet mit Gedanken und Gefühlen der Fülle, des Gelingens.

Niemals zuvor war es ein so Leichtes, die innere Resonanz zu erschaffen, die dann die äußeren Erfahrungen zu Euch führen! Die Jetzt-Zeit ist für Euch alle kollektiv die Chance, auch die Gelegenheit zu wahrhaft meisterlichem Leben und daraus Euch tief erfüllendes Erleben. Dies sind die tiefe Wahrheit für Euch alle, Ihr, die An kana Te, die Verwandler des Niederen zu gleichwohl Höherem. Sage und vermittle ihnen allen bei diesem 1. Treffen dies hier!"

09.08.2010 En che Ko la = die Geweihten des Lichtes

<Während der Fahrt auf dem Flussboot in Frankreich erhalte ich folgende Nachricht für unser 2. An kana Te-Treffen.>

„En che Ko la, die Geweihten des Lichtes, die Meister und Meisterinnen des Lichtes. In Atlantis, vor dem Untergang, waren wir das letzte Mal so zusammen, jetzt in der Reife der Zeit geschieht es wieder. Dort haben wir die Zeremonien des alten Atlantis durchgeführt, jetzt gilt es, die Zeremonie der Wiedervereinigung des neuen und alten Atlantis zu zelebrieren. Die Kraft eures Bewusstseins, euer transformierter Wille und die Reinheit eurer Herzen öffnet jetzt den Transformationskanal. Nur das Reine kann dieses *Tor der Dimensionen* öffnen, dafür seid Ihr hier. Es ist die Kraft in Dir, in jedem von Euch, die es ermöglicht, möglich macht, dass gerade jetzt das *Tor in diese andere Wirklichkeit* sich für Euch und die gesamte Menschheit öffnen darf. Das Jahr der Aktivierung ist nicht nur die Präsenz der Seelen in ihren Seelenanteilen, sondern es ist auch das Jahr der Aktivierung und damit der Öffnung der *Quellen Tore*. Diese ermöglichen die direkte Rückkehr zur Quelle allen Seins für all die, welche diesen Wunsch jetzt in sich verspüren. Nicht wie sonst Dimension für Dimension aufsteigen, nein, jetzt ist für Euch die Absolventen der *höchsten Bewusstseinsstufe*, errungen unter den schwersten Bedingungen der Dimension der 3, ja für Euch ist, sollte dies dein Wunsch sein, die direkte Heimkehr möglich. Dies ist und war von Anfang an der Plan, das Ansinnen der Quelle allen Seins, damit Teile von **Ihr**, der Quelle, in Eigenständigkeit erlangen, was so bisher nur der

Quelle möglich war, die **Präsenz des göttlichen Seins**. Doch nun verfügt auch Ihr, die eigenständigen Teile über die Fähigkeit vollbewusst zu schöpfen, zu erschaffen all das, was vorher nicht da war, die **bewusste** Erschaffung von Neuem, bisher nicht Dagewesenem, dies ist nun euer Vorrecht. So ist das Eine durch die Vielen in der Lage, sich auszudrücken."

15.08.2010 **Bewertende Gedanken**

<EEM, meine Seele, gibt es Worte der Wahrheit der Liebe?>

„… bei all eurem Erleben ist es nie das Äußere, das zählt, es ist die innere Bedeutung, die ihr allem gebt, durch eure Gedanken darüber. Was erlebst Du und wie denkst Du darüber? So ist dein Erleben immer bestimmt durch dein Denken über das Erlebte, denn sehr selten geschieht es, dass ein nur Erleben stattfindet, ohne bewertende Gedanken dieses gerade Erlebten. Aufgabe ist, was ist dein Denken über dein gerade Erlebtes, Wahrgenommenes, zu erkennen. Nicht dein Erlebtes bestimmt, wie Du dich fühlst, **nein, es sind deine Gedanken, die Du Dir darüber machst!**"

16.08.2010 **Vorbereitendes Wirken**

<Fühle mich so überfordert und vor allem alleingelassen. Jetzt ist das Gefühl zu meinem Schutzengel wieder ganz stark.>

„Ganz deutlich und sehr stark fühlst Du jetzt wieder meine Präsenz, nachdem es notwendig war und auch gerade sehr günstig, Dich Dir selbst zu überlassen. Es gibt da wie von

Dir / Euch selbst zu erreichende Stufen im Bewusstsein und dem Fühlen. Sie sind wie diese Schleusen, die Euch auf und ab tragen zu eurem wahren Selbst. Dein Fühlen beruht auf deinem Zweifel, deiner Annahme, dein Wirken hätte wenig Sinn, wenig Kraft zur Bewirkung von irgendetwas. Du hast keinen direkten Einblick, was unser gemeinsames Wirken bewirkt. Doch die Zeit dafür, sie ist bereit und auch Du bist bereit! So fühle Dich als Empfangender/e, fühle Dankbarkeit, indem Du weißt, es ist dies das Dir gegebene Fühlen von **Ihr**, deiner Seele, die Dich darauf nun vorbereitet hat. Sei frei von allen Zweifeln, es geschieht jetzt, da Du dies gerade liest. Unser aller vorbereitendes Wirken, es erfüllt sich jetzt. Dies ist mein heiliges Versprechen an Dich! Aus der Vollmacht Gottes, die Erzengelkraft Michael in Einheit mit ihnen **Allen**.“

16.08.2010 **Entwicklung deines Seelengefühlskörpers / SGK**

<Meine Seele, danke für deine Worte, die mich jetzt verstehen lassen!>

„Dann höre meine Worte für Dich. In allem deinem gerade von Dir Erlebten ist tiefe Notwendigkeit. Wie Du ja bereits weißt, ist dies die Entwicklung deines Seelengefühlskörpers (SGK) und damit die Basis für mich, deine Seele, ganz in und aus Dir heraus zu wirken. Doch diese Entwicklung deines SGK ist nur unter einer Bedingung so möglich, es braucht **tief empfundene Gefühle** von Dir in allen möglichen Varianten und Variationen. Trauer, Schmerz, Wut, Angst, Freude, Fülle, Glück, Liebe. Gerade dieser Wechsel von verschiedenen Gefühlen, und dies permanent, entwickelt auf sehr rasche und effektive Weise deinen SGK. Es gibt nur diesen einen Weg, nur diesen! Und dazu braucht es auch immer wieder unseren Rückzug, und damit dein Fühlen, von allem verlassen zu sein. Doch die Essenz, die sich daraus ergibt, ist ein göttlicher Mensch, denn der entwickelte SGK versetzt Dich in den Stand des Avatars, des gelebten Lebensmeister/-in. Dies ist die letzte zu vollbringende Stufe, die **Stufe der Vollkommenheit.** Und nur zur Erringung dieser seid Ihr da, bist Du da, um als gelebtes Vorbild voranzugehen. Dein Wirken ist ein vollkommen anderes, gleichwohl effektiveres als das anderer Meister, denn Du bist für sie alle fassbar. Einer / eine von ihnen und an Dir sehen sie gelebt den zu erfüllenden Weg. So ist dein Erleben, dein gerade erfahrenes Leben keine *Bestrafung oder Fehler*, sondern die gelebte praktische Notwendigkeit, vorbildhaft den Lebensmeister/-in durch gelebtes SEIN zu erringen. Dies war dein eigenes Wollen, vor diesem deinem Leben nochmals herabzusteigen, um genau diese Rolle zu erfüllen. Die Rolle **des lebenden Meisters, der Meisterin im Spiel des Lebens!** Und sie alle folgen Dir nun, indem sie in ihrem eigenen Leben dies alles für sich umsetzen, dein Vorbild vor Augen. Das ist es, was Du tief in deinem Innern, in **Mir,** deiner Seele, Dir so von Herzen wünschst, die Menschen wieder zu sich selbst zu führen. Dazu braucht es genau den Führer, die Führerin, der oder die diesen Weg bereits kennt, weil er / sie ihn selbst gegangen ist. Und **Ich,** deine Seele, sage Dir gerade jetzt, Du bist Dir und diesem deinem Weg so treu wie kaum ein/e anderer/e. So vertraue hier vielmehr Dir selbst, Du hast **alle** deine *Hausaufgaben* gemacht. Höre ab heute nur noch auf **Mich** in Dir und weise alle Besserwisserei im Außen weit von Dir, sehr weit! Du bist so vollkommen auf deinem Seelenweg, das ist die volle Wahrheit, welche **Ich**, deine Seele, Dir hiermit garantiere. Dein Weg führt nach Hause, zu Gott und damit zu **Mir**! In tiefer, alles verbindender Liebe, deine Seele für Dich."

27.08.2010 Wahrheit ist in eurem Gefühlten

„Wieder einmal ist von Dir, hörend auf dein Fühlen, deine offene Bereitschaft vorhanden, ungeachtet aller Konsequenzen, vertrauend in **Mich**, die Seele in Dir, einfach zu handeln. Dein gutes Fühlen zeigt Dir jetzt die Richtigkeit deiner getroffenen und vollbrachten Entscheidung. Dein Gefühl der Freiheit, wieder Du selbst zu sein, ist dem Gefühl tiefster Ohnmacht, Hilflosigkeit gewichen. Jetzt lasse weiterhin geschehen, lasse Dich führen und leiten von deinem Fühlen von **Mir**. Große Sinnhaftigkeit liegt gerade in deinem von Dir Erlebten. Auch wenn Du diese Sinnhaftigkeit nur erfühlen, aber noch nicht bewusst verstehen kannst, reicht dies tiefe, beruhigende Gefühl der Richtigkeit. Dies ist deine Botschaft, die von Dir zu vermittelnde Lehre an die Menschen. Wahrhaftig, da von Dir am *eigenen Leib* erfahren. In dieser Zeit der Transformation, des Wandels gibt es für Euch nur eine Wahrheit, an der Ihr Euch festhalten, ausrichten könnt, ja nur eine! Wahrheit ist in eurem Gefühlten, klar und eindeutig. Ohne Verzerrung, ja sogar frei von jedem Zweifel, denn Zweifel gibt es **nur** auf der Ebene eurer Gedanken. So ist der Weg eindeutig, Du gehst ihn täglich. Werdet vom **denkenden Wesen zum fühlenden**! Denn Gefühle sind meine Sprache in Dir, somit ist, auf deine Gefühle hörend, immer Einheit mit **Mir**, der Seele, pur. So einfach und doch, wie Du selbst es täglich und bereits so lange erfährst, ein langer Weg. Doch wisse, Du, **mein** Seelenanteil, und auch Du, der Du gerade diese Worte liest und sie dabei mit deinem SGK aufnimmst, diese Worte sind nicht nur niedergeschrieben, oh nein, **Wir** haben sie verbunden, haben **eine Gefühlsspur** unter die Worte gelegt. Dein Aufnehmen durch das Lesen dieser Worte, es aktiviert automatisch diese Gefühlsspur, da Du **viel mehr** bist als **nur** ein materielles Wesen, viel **mehr**! Bei allem, was Dir widerfährt, Du erlebst, liest etc. sind immer **alle** deine Körper mit involviert, alle! Materieller, Äther, emotionaler, mentaler, spiritueller und SGK. **Wir** sind in der Lage, unsere Botschaften auf mehreren *Frequenzen, Kanälen, Frequenz-bändern, Spuren* zu übermitteln. Deshalb **berühren** Euch im wahrsten Sinne des Wortes gechannelte Botschaften von **Uns**, weil **Wir** sie je nach Notwendigkeit auf verschiedenen Frequenzen übermitteln können. Bei allen unseren Botschaften, Euch über die *für Dich-Bücher* oder den Live-Channelings vermittelt, haben **Wir** alle Ebenen, Frequenzen *eingeschaltet*. Die Wirksamkeit, eure Betroffenheit bei der Aufnahme unserer Botschaften wird bestimmt durch **unser Wollen**, oft auch von der Notwendigkeit, Euch zu erreichen, in allem oder nur auf bestimmter Ebene. Nun noch etwas Wichtiges für Dich! Auf allen Ebenen zu senden, gleichzeitig, setzt ein enorm hohes *Sich-Öffnen-Können-Potenzial* voraus. Dies ist lange vor-entwickelt, ja dies geht **weit** über dieses Leben voraus. Gerade Du bist, hast Dich lange Zeit in vielen Leben dafür vorbereitet. Alles bisher Erfahrene, gerade auch das Jetzige wieder, ist alles erschaffen von **Mir**, deiner Seele, in Einheit mit **Ihm**, deinem Schutzengel. Geschaffene Lebenssituationen, die Dich im erlebten Fühlen öffnen, geöffnet haben für diese Dir gerade vermittelten Wahrheiten. Da ist keine Bestrafung oder von Dir

Falsch-Denken, oh nein, hier wirke **in allem Ich**, deine Seele, ja in allem. Du vertraue in deinem wissenden Verstehen **Mir**! Wissend es ist alles gut, geleitet und Dir zugeführt von **Mir**, deiner Seele. Meine Liebe, sie trägt Dich hindurch durch alles! So ist es!"

31.08.2010 Feinstoffliche Erfahrungsmuster

<EEM, hast Du Worte für mich?>

„Nur das wirklich Erlebte, bei dem das Gefühlte die notwendigen Energiemuster entwickelt hat, nur dies Selbsterfahrene bildet das zu Entwickelnde. Es gibt nur diesen einen Weg, die persönliche Erfahrung, nur diesen! So ist es für Dich gerade wieder in der erlebten Situation sehr schmerzhaft, doch es bilden sich dabei all die feinstofflichen Erfahrungsmuster, die dann in deinem weiteren Leben von Dir jederzeit genützt werden können. In der Wahrnehmung ist gerade für Dich dies Schmerzvolle sehr präsent. Du hast aber auch sehr viele, fast mehr an für Dich freudvollen Erfahrungen gemacht. Natürlich ist eine Ausrichtung auf freudvolle Erfahrungen für Dich das Ziel. Die Hinführung deiner selbst zu immer mehr Wahrnehmung der Freude ist die Aufgabe dieses Lebens. So werden sich durch deine innere Ausrichtung auf Freude, durch dein Wollen diese *Zeit* der Erfahrung von Freude weiter und weiter ausdehnen. Das Leid, der Schmerz wird kleiner und seltener. Dies ist und muss ja die automatische Folge eines bewussten, die Seele zum Ausdruck bringendes Lebens sein."

<EEM, sage mir bitte jetzt die Ursache für dies ständige Wollen nach Veränderung und wie kann ich damit umgehen, wie es erlösen?>

„Der Grund, die Ursache für dieses Wollen in Dir, ist deine Veranlagung, durch Tun etwas zu erhalten! Die Lösung und auch der Weg, wie Du damit umgehen kannst, sind folgender. Zuerst akzeptiere, dass dies Wollen in Dir die Folge der Erfahrung deiner Kindheit ist. Dein Dich nicht so Angenommen-Fühlen und geliebt werden für das, was Du bist, hat in Dir dies Muster erschaffen, das Dir den Eindruck vermittelt, Du müsstest etwas tun, eine gewisse Leistung erbringen, um dafür geliebt zu werden. Da es in der Kindheit war, ist dies in der Vergangenheit, doch nun erkennst Du in deinem Jetzt, deiner Gegenwart, die Ursache. Dein erkennendes Bewusstsein jetzt hebt, wenn dies deine klare Absicht ist, die Ursache aus der Vergangenheit im Jetzt auf.

1. Schritt: Bewusstes Erkennen der Ursache
2. Schritt: Das Wissen, dass diese Ursache in deiner Vergangenheit war, Du aber in deiner Jetzt-Gegenwart diese Ursache selbst verändern kannst. Durch deine bewusst getroffene Entscheidung in deinem Jetzt.
3. Schritt: Treffe die bewusste und klare Entscheidung in deinem Jetzt. Mit diesem Wissen, die Ursache ist längst vergangen, also auch die Wirkung, indem Du sie **jetzt** durch deine Bewusstheit aufhebst.
4. Schritt: Schreibe sie nieder und verbrenne sie.
5. Schritt: Erschaffe und kreiere in deinem Jetzt das Neue von Dir gewollte lebende Verhalten. Schreibe es als

neuen Fokus nieder. Am besten tust Du dies jetzt!

Oft fehlt Dir für all das in Dir Gefühlte die Erkenntnis, wozu dies Ganze. Dies fehlende Verstehen nimmt Dir viel von deiner Lebensfreude. Es ganz zu verstehen, dies würde aber deinen Selbsterfahrungsprozess vollkommen aufheben. Gerade dein persönliches *Betroffen-Sein* webt die Verbindung mit Ihnen allen. Ja, Du bist einer von Ihnen, ihr sie Führender, doch auch ihr Freund. Es stimmt, es braucht nur noch ein wenig dein Dich vertrauensvolles Einbringen. Wisse, **Ich**, **Wir** alle, deine Familie und dein gesamtes Gefolge sind bei Dir. Vertraue **Mir**, **Ich** bin bei Dir seit Anbeginn der Zeit. **Ich** behüte dein **Sein**, dein Leben. Alle Hilfe ist dein, vertraue gerade heute auf dieses unser gemeinsames Wirken. EEM für Dich!"

03.09.2010 Verarbeitung von Energien

<EEM, danke Dir von Herzen für deine Worte der Wahrheit!>

„So Du mich in dieser Weise bittest, will **Ich** Dir gerne Wahrheit vermitteln. In deinem momentanen Erleben, vor allem deinem Fühlen vollzieht sich ein notwendiger Reinigungsprozess. Diesen erfüllst Du kollektiv oder auch vorbereitend für diese Welt. Was gerade weltweit sich ergibt, ist so in seiner Art einzigartig, denn der Bewusstseinswandel ist gerade dabei, alle Bereiche zu erfassen. Die Unbewusstheit der meisten Menschen verlagert diese Bewusstseinsenergie ins Unbewusste. Doch hier ist es um ein Vielfaches schwieriger, nun diese Energien zu erlösen. Dies ist so nur möglich über ein Ausagieren durch Mutter Erde und ihre *Naturkatastrophen*. Die Orte zeigen Dir sehr deutlich, wo am wenigsten auf der materiellen Ebene die bewusste Verarbeitung dieser Energien stattfindet. Nur das Wissen über das *Warum* gibt dem *Wie* eine Chance zur Verwirklichung. So höre und verstehe das *Warum*! Die auf Euch alle einwirkenden Transformationsenergien führen zu einer Beschleunigung eures gesamten Energiesystems. Es braucht ein geöffnetes Bewusstsein, welches immer wieder neue Erkenntnisprozesse geschehen lässt. Denn nur dadurch ist es möglich, alle diese in Euch einströmende Bewusstseinsenergie zu verarbeiten. Was Du gerade für Dich oder kollektiv verarbeitest, entspricht pro Tag in etwa einer Inkarnation, also dem gesamten Erfahrungspotenzial, das sonst die Zeit eines ganzen Lebens bedarf. Es ist für Dich und alle **Euch** die Bewussten ein riesiges Datenpotenzial, welches täglich durch Euch hindurchfließt und bearbeitet wird. Ohne dies, ohne Eure Bereitschaft, dies für das Kollektiv *Menschheit* zu tun, wäre dieser harmonische Aufstieg unmöglich. Er müsste über weltweit Euch alle betreffenden Naturkatastrophen verarbeitet werden. Eure gefühlte, permanente Belastung ist diese Euch ständig zugeführte, zu verwandelnde Bewusstseinsenergie. Je mehr Bewusste mit verarbeiten, umso leichter wird es für Euch alle! Doch wie Du ja selbst schon erkannt hast, sind derer, die bereits einen bestimmten Bewusstseinsgrad erreicht haben, aber immer noch nicht bereit sind, die erkannte Wahrheit nun in aller Konsequenz in ihrem Leben umzusetzen, noch gar einige. Es liegt eine tiefe Sinnhaftigkeit in deinem Wirken, dein Fühlen zeigt Dir dies schon lange. Doch erst jetzt in dieser letzten Phase der Transformation kann unser aller gemeinsames Wirken nun beginnen. Wisse, **erst jetzt ist alles möglich**!"

06.09.2010 Bewusste Entscheidung zur Teilnahme

<EEM, *ich spüre sehr deutlich die Energie der Veränderung, der Unruhe, des positiven Aufbruchs, danke Dir für deine Worte des Verstehens!*>

„Dein Fühlen, es entspricht mehr als der Wahrheit! Was Du fühlst, ist der Neubeginn der Vermittlung dieser Wahrheit. Der Monat der Veränderung hat begonnen und mit ihm das kollektive Potenzial, all die vorhandenen Energien großer Disharmonie nun zu transformieren. Es braucht gerade jetzt die Bereitschaft eines jeden bewussten Menschen, besser es **braucht die Entscheidung jetzt, am Bewusstseinswandel teilzunehmen.** Doch diese Teilnahme ist viel mehr als nur eine aktive, es ist die zu erbringende Verwandlung von einfachem Metall in Gold. Höre die Worte aus unserer Einheit in Gott. Als am *Anfang* dies Spiel des Lebens begonnen wurde, war es klar, es würde auch zu einer bestimmten Zeit wieder zu seinem Ende finden. Und dieses Ende ist in einer gewissen Weise **jetzt!** Ja, jetzt! Diese Energie des Beendens, auch des Veränderns ist weltweit auf diesem Planeten spürbar. Um dieses Beenden zu vollenden, braucht es die Energie des Wandels in jedem Menschen, die Bereitschaft, ein neues Leben zu leben."

07.09.2010 Verwandlung aller gespeicherten Gefühlsenergien

<*Mein Hohes Selbst hast Du Worte für mich?*>

„Die habe **Ich**, bin doch **Ich** es, der **Ich** Dir diese Impulse gegeben habe. Aufgrund deiner tiefen Betroffenheit, welche

Dir deine momentanen Lebensumstände bescheren, braucht es jetzt für Dich Objektivität und damit **Mich**! So lass **Mich** Dir hiermit Folgendes für Dich übermitteln. Auch wenn es für Dich gerade anders erscheint und sich anfühlt, befindest Du Dich mehr als auf dem richtigen Weg. Du bist so vollkommen geführt und auch geleitet. Nichts, absolut gar nichts läuft da falsch! Dies ist unmöglich, denn deine Rückverbindung mit **Ihr**, deiner Seele, ist so tief, so vollkommen. Da ist nur Raum für Sinnhaftigkeit. Jede deiner Lebenserfahrungen, ja jede einzelne, sie ist erschaffen aus und mit der Kraft deiner Seele. Wie Du selbst deutlich erkennst, gibt es so etwas wie *das richtige* Verhalten / Leben nicht. Was es gibt, ist ein Leben, Lebenserfahrungen in Einheit mit der Seele oder getrennt von Ihr. Doch sobald die Einheit mit der Seele vollbracht ist, erfüllt sich göttliche Gerechtigkeit. Dies zeigt sich in einem Gefühl der Gelassenheit, der Ruhe, so wie Du es gerade deutlich wahrnimmst. Doch die Seeleneinheit ist weit davon entfernt, dann nur noch in Glücksgefühlen zu schweben oder nur noch Freude zu empfinden, oh nein, gerade die Rückverbindung ermöglicht doch erst die vollkommene Verarbeitung aller vorhandenen zu transformierenden Gefühle. Dies ist doch gerade der Sinn dieser Transformationsphase. Die Verwandlung, Veredelung aller gespeicherten Gefühlsenergien, welche seit der Teilnahme am Spiel des Lebens abgespeichert Leben für Leben und nun endlich in der Lage, transformiert zu werden. Diese Gelegenheit, die sich da bietet, ist unermesslich, es ist göttliche Gnade in voller Wirksamkeit. So sei Du gerade jetzt mit Dir selbst in Einheit, wisse, dass all dein Fühlen, deine Lebensumstände nur einem Sinn dienen, der Bewusstmachung aller in Dir vorhandener, **teilweise sehr alten Gefühls-**

ablagerungen. Durch die Bewusstwerdung ergibt sich ganz von selbst die Verarbeitung, und da Ihr Euch im Transformationsprozess befindet, auch die automatische Verarbeitung. Damit die vorhandenen, abgespeicherten Gefühle Dir bewusst werden können, braucht es dafür Lebenssituationen, die gerade durch ihre Beschaffenheit diese meist tief unbewussten Gefühle erwachen lassen. So ist deine empfundene Gefühlsintensität dein eindeutiges Zeichen, deine Bestätigung hier wirkt sinnvolles Seelenwirken. Durch die von **Uns** geschaffenen Lebenssituationen, erfahren von Dir, bricht förmlich dieser unbewusste Gefühlsspeicher auf. Und nur dann sind die Verarbeitung und damit die Erlösung möglich. Niemals zuvor war es kollektiv für so viele Menschen gleichzeitig möglich, alle Muster aufzulösen. Der Grad deiner Betroffenheit zeigt Dir deutlich, sehr deutlich durch die gefühlte Betroffenheit, wie viel gerade transformiert wird. So wären die optimalen Gefühle darüber nicht Resignation, sondern tiefe Freude aus dem Wissen heraus hier findet Auflösung pur statt und damit Befreiung und Erlösung. Dies alles Dir von **Mir**, deinem hohen Selbst, vermittelt, auf dass Du deine Lage verstehst und sie in einem neuen Licht sehen kannst. Ja, dem Licht klarer Erkenntnis der Wahrheit. Lass **Mich** Dir hiermit in aller Liebe und Verbundenheit (<*tief spürbare Liebe und Nähe*>) sagen, alles ist gut! All dein Erleben beinhaltet tiefste Sinnhaftigkeit. Vertraue, denn alles ist gut! Jetzt bist Du auf dem besten Weg, dein Leben zu erfüllen. Frei von äußerer Auferlegung, was sich gehört, was richtig und was falsch ist, folgst Du in allem **deiner** inneren Wahrheit. Dein bewusstes Ausleben aller in Dir vorhandenen Gefühle vollbringt, besser bringt Dich in den Zustand der Trans-

formation aller noch vorhandenen *Gefühlspakete*. Diese Befreiung versetzt Dich in den Stand des *Transformators* für all die vorhandenen, zu erlösenden kollektiven Gefühlsenergien. Nie zuvor war es bisher möglich, dies zu erbringen, doch jetzt in der letzten Phase der Transformation ist dies so alles möglich. Doch die Voraussetzung der eigenen Befreiung, die natürlich Grundbedingung ist, ermöglicht dies kollektive Wirken. Euer gemeinsames Wirken befreit sie, Mutter Erde, von all den tiefer schwingenden Energien, die noch ihren Aufstieg verhindern. Sobald die kollektive Verarbeitung all der noch vorhandenen Energien abgeschlossen ist, steigt sie mit Euch zusammen auf. Hier erfüllt sich göttliche Gerechtigkeit im Zeitstrom der Vollendung. Die tiefe Sinnhaftigkeit, die Ihr alle gerade jetzt erfahrt, sie lässt Euch all die gerade Euch so bedrängenden Lebenssituationen verstehen. So sind **alle** eure derzeitigen Erfahrungen die Möglichkeit, alles in Euch darauf Wartende zu erlösen. Dies verstehende Erkennen verändert alles, es bringt Euch wieder in die Selbstmacht. Dein wissendes Vertrauen lässt Dich nun leicht die Aufgabe vollbringen.
In Liebe und Einheit für Dich; Olysse, dein Hohes Selbst"

15.09.2010 … **Aus Klarheit gelebte Macht**

<Meine göttliche Seele; danke Dir für deine Worte zu diesem allen, danke.>

„Als deine Seele sage ich Dir dies nun, dein Fühlen bestätigt Dir, dies ist der Neubeginn deines Lebens für Dich in Einheit mit **Mir**. Zum ersten Mal spürst Du klar und deutlich, was Dir wirklich wichtig und von Bedeutung ist. Du bist nun bereit, dies vom Leben zu fordern! Das genau ist es, was es braucht, denn jetzt bist Du in deiner göttlichen Macht und Vollkommenheit. **Mir**, der Seele, ist, wie Du weißt, alles möglich, doch es braucht dein machtvolles Wollen, denn sobald wir beide eins sind, ist dein Wollen mein Wollen. Alles Weitere wird in deinem Leben nun bestimmt, geleitet durch dein Wollen. So braucht es in allem dein Dir vollkommen sicheres Wollen, deine innere Klarheit, mit der es Dir möglich ist, **Mir**, der Seele, klar mitzuteilen, was dein von **Mir** zu erfüllendes Wollen ist. Dies ist für Dich eine völlig neue Art zu leben, doch dies ist aus Klarheit gelebte **MACHT**. Der Weg ist jetzt immer derselbe! Finde zuerst in Dir selbst, erkennbar durch dein Fühlen, was ist Dir wirklich von Bedeutung. Dann übergebe dies an **Mich**, deine Seele, gib es wie einen Auftrag, einen Befehl, gegeben von Dir an **Mich** in absoluter Klarheit. Dann wisse, **Ich**, deine Seele, die **Ich** Dir ja dies Wollen eingepflanzt habe, ja **Ich** erfülle dies für Dich, für **Uns**. Frage Dich nur dies, **was ohne Kompromiss willst Du?**

Dies ist jetzt für Dich die bedeutendste Frage!"

09.10.2010 **Notwendige Sichtweisen-Korrekturen**

<Amrides, mein geistiger Führer, Meister der Metamorphose und auch mein Freund aus Atlantis, hast Du Worte für mich?>

„Ich freue mich, dass Du Dich gerade jetzt für mich öffnest, denn als ehemaliger Mensch ist es mir ein Leichtes, gerade Dir jetzt diese für Dich verstehenden und aufklärenden Worte zu geben. Zuerst möchte ich Dich wissen lassen, die Art dessen, was gerade in deinem Leben sich ergibt, ist so voll notwendiger Erfahrungen, dass Du am Ende dieses Prozesses vollkommen gewandelt bist. Gerade dies stellt die optimalen Voraussetzungen dar für echte Lebensführer, die gerade dann die Führung übernehmen, wenn dies für alle anderen unmöglich erscheint. Und nur diese deine eigene gemachte Erfahrung gibt Dir die Kraft, aber auch die Sicherheit für all die anderen, die Verantwortung zu übernehmen und sie dort hindurch zu führen. Die Bedingungen für diese Welt und ihre Menschen werden sich noch sehr drastisch verändern, denn eine Menschheit, die kollektiv nur das Materielle, das Äußere sieht, wird diese ihre Sichtweise sehr stark verändern dürfen.

Das *Nicht-wahrhaben-Wollen* braucht Lebenssituationen, die ein *Wahrhaben-Müssen* ermöglichen. Du wirst gerade in diesen Zeiten noch sehr oft lächeln und Dich zurücklehnen im wissenden Vertrauen, da läuft gerade für die Menschheit notwendige *Sichtweisen-Korrektur* ab. Zu deiner persönlichen Lebenssituation kann ich Dir sagen, frage Dich in jeder deiner Lebenserfahrungen: **Was will mich diese Erfahrung gerade lehren?** Gehe einfach davon aus, da gibt es nur sinnvolle Erfahrungen, welche Dir in deinem Leben erscheinen, damit für Dich daraus ein weiteres Erfahrungspotenzial sich ergibt. Deine Lebenserfahrungen sind tief sinnvoll, Dir von der geistigen Welt zugeführt nur zu diesem Zweck, Dir das darin enthaltene Erfahrungspotenzial am *eigenen Leibe* erfahren zu lassen, damit dies Erfahren Dich direkt in persönliche, wissende Lebensweisheit bringt. Nur dies ist der Sinn allen Geschehens um Dich. Die Änderung deiner Sichtweise aus diesem deinem Wissen heraus, sie verändert alles! Denn Du weißt damit, da ist keine Bestrafung, oder fragst nach dem *Warum, Wieso, was soll das?*, sondern da ist in Dir nur noch die tiefe Erkenntnis, dass das Erfahrene tiefe Bedeutung hat, die Dich notwendiges Wissen lehrt. Mit Freude sehe ich dein Verstehen, so bitte **Ich** Dich, rufe mich, wann immer Du wissendes Verstehen brauchst, in einer Dich bedrängenden Lebenssituation, immer! In tiefer Freundschaft aus *alter Zeit*, Amrides, Meister der Metamorphose."

14.10.2010 Neubeginn durch Lösungsenergie

<Heute ist für mich der Neubeginn, ich lasse alles Alte los! Jetzt sind alle diese mir selbst auferlegten Begrenzungen gesprengt, für immer. Jetzt wirken meine Seele und ihr göttliches Sein pur für mich. So bitte ich dich EEM, willst Du zu mir sprechen?>

„Ja, denn da wirkt gerade jetzt Lösungsenergie. Wie Du selbst es gestern erkennen, fühlen konntest, kann das Seelenwirken sehr erschwert sein, wenn der Seelenanteil sich selbst durch sein Denken eine Begrenzung aufgebaut hat. Gerade in dieser für Euch alle so herausfordernden, Euch oft tief belastenden Zeit ist es leicht möglich, dass ein solches Begrenzungsfeld aufgebaut und Euch dann in seiner selbst erschaffenen Begrenzung hält. Dies zu erkennen, ist sehr leicht! Eins mit der Seele sein, klare Absichten ausgesprochen, ja sogar schriftlich fixiert, und es fühlt sich an, als ob alles stillsteht, keine Bewegung! Ja, dies kommt Dir sehr bekannt vor. Dies **war** dein Zustand, von Dir selbst erschaffen, um zu verstehen, was viele von ihnen noch behindert. Und wie die Lösung aussieht? Dein gestriges Handeln war die Selbstbefreiung (Erstellung eines energetischen Kraftfeldes, das ab sofort freie Entfaltung,

Seelenwirken pur in allem ermöglicht, jetzt!). Jetzt zeige ihnen, wie diese Selbstbefreiung möglich ist. Das ist es jetzt, was es braucht, so lehne Dich zurück und sehe, was sich ergibt!
EEM, in Einheit mit ihnen allen."

16.10.2010 Kurs halten

„Die gibt es von **Mir** deinem Hohen Selbst. An meiner eher unpersönlichen Energie erkennst Du mich, so wie gerade jetzt (<*neutrale erhebende Energie*>). Wie Du jetzt mit deinem inneren Auge sehen kannst, werden vollkommen neue Energiemuster für Dich gewebt. Der innere Neubeginn, die seelisch-geistige Befreiung lässt dann alles sich neu gestalten. Gib dieser Neugestaltung gerade jetzt deine neue gedankliche und gefühlsmäßige Unterstützung. Sehe Dich bereits dort, wo sowieso dein Platz ist. Noch erscheint es in der Erfahrung, in der Materie, als ob da alles beim Alten ist. Von allem noch nicht genug, doch die bereits geistige Realität ist eine andere. Es ist wie ein Schiff, das zu einem anderen Kontinent unterwegs ist, der Kurs ist festgelegt, doch während der gesamten Fahrt über das Meer ist von dem zu erreichenden Ziel (Umfeld) nichts zu sehen. Doch trotzdem ist das Ziel von Anfang an schon da, doch erfahrbar ist es erst am Ziel ange-kommen. Welchen Kontinent steuerst Du an? Wohin zieht es Dich? Bist Du bereits dorthin unterwegs? Dann gibt es jetzt für Dich nur noch den Kurs zu halten und in deiner Vorstellung, deiner Vision Dich bereits am Ziel sehen. So sei es! Dein Hohes Selbst für Dich!"

Teil 3 Botschaft Erzengelkräfte zum Oktober 2010:

„So lass uns nun dies neue Wirken beginnen, wie Du siehst, gehört Spirit und Materie zusammen. Dieser neue Monat der 10 im Jahr der Aktivierung bedeutet für die Menschheit gesamt, die Gelegenheit und erst die Aufgabe, das eigene göttliche Potenzial vollkommen zu leben. **Dies bedeutet, als Geschöpf des Göttlichen, ausgestattet mit gerade dieser Schöpferkraft und Schöpfermacht, im vollen Bewusstsein zu sein, dass alles möglich ist, ja alles!** Ihr werdet jetzt alle aufgefordert, in diese eure Wahrheit Euch ganz hinein zu begeben. Der Schlüssel ist das klare, das bewusste Wissen, darüber wer ihr seid, wer **Du** bist. Dieses Wissen, Dir immer wieder ins Bewusstsein bringend, Dich dadurch auch gefühlsmäßig erinnernd, *wer **Du** bist!* Dies versetzt Dich augenblicklich in die Lage, alle deine Berge zu versetzen. Es braucht jetzt nur noch diese deine Annahme, wer Du in Wahrheit bist, was Du in Wahrheit bist, und gelebte, zu lebende Vollkommenheit ist die Folge davon. Die Entwicklung deiner Selbstliebe war dafür der notwendig zu entwickelnde Schritt, der letzte. Denn nun steht die kollektive Rückführung dieser gesamten Welt in das Göttliche zu Hause an. Wir, die Erzengelkräfte, haben in Einheit mit der Quelle alle Voraussetzungen geschaffen, damit dies nun leicht und harmonisch möglich ist. Doch dazu braucht es sich selbst ermächtigende Teile des Göttlichen, anwesend als Mensch auf der Erde, doch nur Mensch dem Namen nach, denn inwendig sind diese Menschen selbst Schöpfergötter. Das ist die alles verändernde Wahrheit, die Essenz des Ganzen. Diese Selbstermächtigung kann nur der menschliche Teil dieses

Schöpfergottes, dieser Schöpfergöttin erbringen, nur er oder sie. Denn diese Selbstbestätigung legt wie einen Schalter um und alle freiwillig abgegebene Schöpfermacht fließt dann dem menschlichen Anteil hin! Die Zeit, die diese Freisetzung dann noch auf materieller Ebene braucht, sie ist bestimmt von noch freizusetzender spiritueller Energie, welche bis dahin in allen feinstofflichen Kanälen bereits vorhanden und nun freigesetzt werden kann. Dazu braucht es die Öffnung auf molekularer und atomarer Ebene. Doch sobald die Göttlichkeit in Dir diese Selbstermächtigung ausspricht, durchdringt das Göttliche aus den feinstofflichen Dimensionen dies Materielle in Dir. Und oh ja, dies spürst Du bereits nach der Aktivierung, ausgelöst durch deine Selbstermächtigung, sehr deutlich. Weißt Du, dein ganzes bisheriges Leben, es läuft auf diesen Akt der Selbstermächtigung hinaus. Doch zuerst braucht es deine bewusste Absicht, welche auf der tiefen Erkenntnis beruht, wer Du wirklich bist. Der Mensch in Dir darf den Gott in Dir wiedererkennen, finden, damit der Gottmensch zu seiner Entfaltung kommt. So ist dies hier nun die Selbstermächtigung:

In mir ist göttliches Sein, dies aktiviere ich, der Mensch, indem ich mich jetzt dieser meiner eigenen Göttlichkeit wiedererinnere. Ich .... bin göttlich, ich akzeptiere und lebe jetzt diese meine göttliche Schöpfermacht. Jetzt! Und bei Gott und im Namen meiner Seele .... so ist es, jetzt!

Dies sind die Worte der, deiner Selbstermächtigung und sie bringen wieder die Gottheit in Dir hervor, das, was notwendig war, abzulegen, damit der freie Wille zu entwickeln möglich war. Dies vollbringt gemeinsam oder für Euch allein in diesem Monat der 10, und große Kraft wird freigesetzt. Die Transformation wird bestimmt durch diese göttliche Freisetzung, diese Rückbesinnung auf dein göttliches Erbe, das nur darauf wartet, wieder von Dir angenommen zu werden. **Dieser Schritt, vollbracht in Dir, bewirkt dies für die gesamte Menschheit.** Wenn Du Dich jemals gefragt hast, was Du für diese Welt tun kannst, dann hast Du hiermit die Antwort. Erinnere Dich wieder deiner Göttlichkeit und spreche sie aus wieder und wieder, deine Selbstermächtigung, damit der Gott, das Göttliche in Dir, wieder erwacht. Dies ist es, was es jetzt noch braucht zur Heilung dieser Welt, und nur DU bist in der Lage, dies zu vollbringen, ja nur Du. Dies für Euch alle, die Götter auf Erden. Vollkommene Teile der Schöpferkraft und damit unsere Brüder und Schwestern im Geiste. In Liebe, die da ewig lebt und wirkt, die Erzengelkräfte."

15.11.2010 Ausbildung deiner neuen Wahrnehmungsorgane

„Die gibt es! So hören Du und Ihr alle, die Ihr dies nun lest! Nur das Selbsterlebte hat wahre Bedeutung, denn nur durch das eigene Erleben bilden sich die notwendigen Gefühlssynapsen. Und nur durch diese Bildung im persönlichen Erleben gibt dies Euch die Fähigkeit zu Gewahr-Sein. Dieses *Gewahr-Sein* geht weit über eure sonstige Wahrnehmung hinaus, denn nur so ist es Euch überhaupt möglich, die direkte Erfahrung der Transformation, des Wandels, zu machen. Warum? Weil der Euch bevorstehende Paradigmenwechsel nur wirklich über eure entwickelten Gefühlsparameter möglich ist. Diese sind wie feine Antennen und ohne sie ist die vollkommene Wahrnehmung dessen, was passiert, was sich wirklich ereignet, nicht wahrnehmbar, unsichtbar. Ja, Du spürst sehr deutlich (*<Ich sehe gerade das ganze Bild, worum es dabei geht, aber es braucht Zeit, dies alles in Worte zu fassen.>*), welche große Wahrheit **Wir**, die Erzengelkräfte, in Einheit mit der Quelle, Dir, hier gerade vermitteln. Da der Wandel ein Aufstieg in eine andere Dimension ist, ist es auch eine neue Realitätsebene. Und für jede erfahrbare Realitätsebene braucht es darauf ausgerichtete, ausgebildete Wahrnehmungsorgane. Euer materieller Körper ist mit seinen fünf Sinnen auf die Wahrnehmung der Dimension der 3 ausgerichtet, vorbereitet. Doch für die vor Euch stehende Dimension der 5 braucht es völlig andere, in ihrer Wahrnehmung anders funktionierend und doch euren bisherigen Sinnen sehr ähnlich.

Bildet Ihr diese neuen Wahrnehmungsorgane gerade jetzt in dieser Vorbereitungsphase nicht aus, dann fehlt Euch dadurch die Fähigkeit dessen, was schon bald als neue Realität kollektiv vorhanden ist. Es ist wie mit eurem Fernsehen, dies kann Euch aber nur einen Teil eurer Sinneswahrnehmung vermitteln. Den Geruchs- und Geschmackssinn, nicht einmal das Tasten, könnt Ihr auf diesem Wege wahrnehmen, obwohl dies alles während der jeweiligen Aufnahme vorhanden ist. Obwohl es wie in diesem Beispiel nur die *Technik* nicht vermag, wären ja deine Sinne in der Lage, dieses Mehr wahrzunehmen, wenn es übermittelt werden könnte. Im Falle der Transformation verhält es sich genau umgekehrt. Alles wird übermittelt, nur deine fehlenden, weil nicht entwickelt, Wahrnehmungsorgane machen deine vollständige Wahrnehmung unmöglich."

18.11.2010 Handele nie aus Wut oder Verletztheit

„…dein Erleben und dadurch all dein wahrnehmendes Empfinden braucht es, denn daraus entsteht in Dir tiefe Klarheit, Gewissheit, wer Du bist, wie Du bist und dadurch die Möglichkeit zur Veränderung. Dies ist für sich gesehen dein Transformationsprozess, denn dieser findet natürlich im direkten Erleben, Wahrnehmen der dabei entstehenden Gedanken und Gefühle statt. Was Du selbst tun kannst, ist sehr einfach, durchlebe all diese Prozesse in Dir und achte auf deinen Frustlevel. Handele **nie** aus Wut oder Verletztheit, sondern immer aus gefühlter Freude. **Unterlasse, soweit möglich, jedes Handeln und vor allem alle Entscheidungen aus Wut, Enttäuschung, Verletztheit heraus.** Das ist jetzt gerade das Wesentliche, nimm einfach den Gang raus und lasse Dich treiben, denn **Wir** sind dann deine Führung. Dies ist es, was es jetzt braucht! Somit hat der gerade vor euren Augen und vor allem in Euch stattfindende Transformationsprozess diese eine Aufgabe für Euch. Entwickelt eure neuen, feinen Wahrnehmungsorgane, die da sind Intuition (innere Stimme der Seele), Empathie (Einfühlungsvermögen) und die Fähigkeit zu tiefer Selbstliebe. Ein Prozess wie dieser setzt die Fähigkeit voraus, erst einmal alles für möglich zu halten, damit dann das jeweils Sinnvolle ausgewählt werden kann. Nun etwas tief Bedeutendes! Wenn die Ausbildung dieser feinen Organe ansteht, spürst Du in Dir eine tiefe Unzufriedenheit, die durch kein äußeres Tun gleich welcher Art erfüllt werden kann. Diese tiefe und gleichzeitige sich verstärkende Unzufriedenheit zeigt Dir sehr deutlich, hier will **Neues** geboren werden. Dein göttlicher Teil in Dir will diese neue Welt sehen, an ihr teilhaben. Doch dazu braucht es diese neu auszubildenden Wahrnehmungsorgane. Was wird also der göttliche Teil nun in Dir tun, wenn die magische Grenze, das Einschaltdatum dieses neuen Wahrnehmungsprogrammes, immer näher rückt? Genau, Dich immer stärker zu dieser Ausbildung anhalten. Wie? Indem es Dir deine Erfahrungen von Glück und Freude, da draußen von Dir gesucht, so gut wie unmöglich macht. Gleichzeitig werden dieser Weg, die Ausrichtung und damit die Ausbildung dieser Wahrnehmungsorgane verstärkt. Eure gesamte Welt geht gerade kollektiv diesen Weg, doch der Großteil der Menschheit weiß nichts von diesem Weg, seinem Sinn und dem Ziel. Was, glaubst Du, geschieht nun? Richtig, eine enorme Welle von Bewusstsein wogt nun permanent über diesen Planeten. Alle eure Energiefelder durchdringend, verändernd und bei Offenheit einer Neuausrichtung hinführend. Diese Welt und alle ihre Menschen, vor allem ihr, die Engel, erfahrt in der Euch noch bevorstehenden Zeit ein so vollkommen neues Leben, besser Er-Leben! **Wir**, die Euch umgebende und auch durchdringende geistige Welt, erleben voller *Staunen* euer Verhalten, euer Damit-Umgehen, euer sich darauf mehr oder weniger einlassen. Wie damit umgehen, und vor allem, was hilft Euch, diese neuen *Augen und Ohren* zu entfalten? Eine neue Möglichkeit, die Dinge, das Leben zu sehen, setzt eine neue *Sicht-Weise* voraus. Doch diese braucht die Grundlage, das Wissen, wie sich alles verhält, was geschieht und vor allem, wozu es sich ereignet. Es zu wissen, ist jeweils der erste Schritt, doch dann bedarf es der Umsetzung, der Ausrichtung des eigenen Lebens in allem, basierend auf diesem neuen Wissen. Gelebte Wahrhaftigkeit beginnt bei der Ehrlichkeit zu Dir selbst. In all deinem Erleben, ja in allem findest Du nunmehr Dich selbst. Gleichgültig, was Du erlebst oder erfährst, es hat immer mit Dir selbst zu tun. So bedingt die Annahme dieser neuen Sichtweise deine Bereitschaft und die gewollte Fähigkeit, **alles** bezogen auf Dich selbst zu sehen. Das Zentrum eines eigenständigen Universums, in dem dein göttlicher Wille sich ständig zum Ausdruck bringt. Ein Universum, das in ständiger Interaktion mit anderen Universen (Mit-Menschen) sich austauscht und damit verändert. Und gerade dies ist das oberste Ziel.

Verwandlung durch Veränderung.

Deine Bereitschaft, sich diesem ständigen Wandeln hinzu-geben, indem Du Dich dem Fluss der Veränderung hingibst, gerade dieses *Mit-Fließen*, verwandelt automatisch deine Sichtweise und damit bilden sich deine neuen *Augen und Ohren*. Kein Tun oder Machen deinerseits ist hierbei erforderlich, es genügt einzig und allein, sich diesem bereits vorhandenem *Fluss der Veränderung* hinzugeben und sich durch diesen Fluss führen zu lassen. Dabei gibt es nur eine Möglichkeit im Fluss zu sein und zu bleiben. Es braucht deine Wahrnehmung der Stimme deines Herzens, die Du auch Intuition nennst, und dein Vertrauen immer in allem dieser Herzensstimme zu vertrauen, ihr zu folgen, besser Dich von ihr führen zu lassen. Die Wahrnehmung dieser feinen Herzensstimme ist einzigartig und daher ganz einfach, denn dein Herz, was nur das Symbol deiner Seele ist, spricht zu Dir in seiner klaren, immer deutlichen Sprache. Diese Sprache heißt Gefühle oder Fühlen. Nun verstehst Du, warum es Intuition und Empathie braucht, weil nur so die *Stimme der

Seele* und damit die Wahrheit in allem für Dich erkennbar wird. Wie Du ja bereits weißt, ist diese Herzenssprache immer eindeutig und frei von Zweifeln, denn sie offenbart sich Dir klar und deutlich durch dieses *gute Gefühl* für etwas oder dieses *ungute, schlechte, abstoßende Gefühl* gegen etwas. Bei einem zuerst *unguten Gefühl* oder immer dann, wenn Du Dich in belastenden Lebenssituationen befindest, zeigt sich bei einer von Dir angenommenen Neuausrichtung, einer Öffnung hin zu diesen neuen Impulsen, sofort eine Änderung im Fühlen von *ungut, belastend* hin zu *befreiend, erlösend, gut anfühlend*. In Liebe und dem Gewahrsein der Bedeutung unserer Worte für Euch, **Wir**, die Erzengelkräfte, in Einheit mit Gott und deiner Seele!"

27.11.2010 Zeitraum zwischen Sommer 2012 und Winter 2012

<Wird Mutter Erde stillstehen?>

„Dies und alles damit Zusammenhängende wird bestimmt vom vorhandenen Bewusstseinslevel der Menschheit. Glaubst Du, **Wir** würden Dich / Euch etwas vollbringen lassen, das ohne Sinn ist? Glaubst Du, eure erduldeten Schmerzen wären ohne Sinn, ohne Bedeutung? Du willst wissen, was eure Treffen, euer Zusammenkommen und dort eure durchgeführte Programmierung erbringt? Der Aufstieg dieses gesamten Systems wird bedingt von der vorhandenen Bereitschaft der Menschheit, mit aufzusteigen. Dies setzt ein dementsprechendes Wissen der Menschheit voraus und aus diesem Wissen heraus eine klar getroffene Entscheidung mit *für* oder *dagegen*. Da Mutter Erde und dies gesamte System sowieso

91

diesen Aufstieg durchführt, hat jedes *Dafür* eine tausendfache Verstärkung des Aufstieges. Somit ist jeder bewusste Mensch, der sich für den Aufstieg jetzt, gerade jetzt entscheidet, eine enorme Verstärkung des zu sammelnden Aufstiegspotenzials. Du hast gerade natürlich, inspiriert durch **Uns**, die Frage gestellt, wie viele braucht es und welches Potenzial entsteht jeweils, wenn Ihr Euch trefft? Und da ist schon immer dieses Wollen nach Größe in Dir. Gut, dann vernehme und wisse, Du bist der Erste auf diesem Planeten, der erste Mensch, der nun von **Uns**, den Seelen aus Gott, eins mit den Erzengelkräften und in Einheit mit **Mir**, Jeshua, dieses Wissen erhält! Die exakte Messung für das notwendige Bewusstseinslevel, welches für einen harmonischen Aufstieg gebraucht wird, findet in dem **Zeitraum zwischen Sommer 2012 und Winter 2012** statt. Gerade das dort stattfindende Programmieren, die Entscheidung eines jeden Menschen hat eine enorme Beeinflussung dieses Bewusstseinsfeldes. **Was genau wird gebraucht?** Eine enorme Menge an Bewusstseins-Energie, es braucht ein neues Bewusstseinsfeld. Gerade dieses Feld wird durch eine von Euch durchgeführte Programmierung erzeugt, aufgebaut und immer weiter verstärkt. Doch Du brauchst ja die Information, was wird durch eines eurer Treffen erzeugt, welche Energie wird erzeugt in Bezug auf die Teilnehmenden und ihre persönliche Überzeugung, ihren Glauben über die Macht dessen, was ihr da zusammen erbringt?"

<Ja, denn dies Wissen versetzt uns in die Lage, viel effektiver zu wirken. Gibt es überhaupt dafür eine Zahl, die diese benötigte Energieeinheit in etwa beschreiben kann?>

„Die gibt es, bezogen auf das Jetzt. Es braucht ein Bewusstseinsfeld, das eine gleichbleibende Stärke hat. Dazu sind die bewussten Gedankenfelder von in etwa 1 Promille der Menschheit notwendig (<*ca. 7 Millionen*>). Doch hier gibt es zwei Möglichkeiten! Entweder es findet sich diese Anzahl auf einmal zusammen oder ihr erbringt es in Teilen. Denn euer Zusammenkommen in geringerer Zahl ist ein vorbereitendes Wirken, da in der Dimension der 5 es ja bekanntlich keine Zeit gibt. Somit ist jedes Mal ein Zusammenkommen von Euch bereits ein Anteil-Erbringen von dieser gebrauchten **Bewusstseins-Energie.** In der Jetzt-Zeit findet wie eine Speicherung statt und diese wird durch jedes weitere Mal bestätigt und verstärkt. So hast Du nun in etwa eine Vorstellung, was gebraucht wird, in Stücken oder auf einmal, dies ist gleichgültig.

Die Lösung geht nun über die Vervielfältigung, über Multiplikatoren. Jetzt verstehst Du den Sinn der für Dich-Bewegung und deiner gemachten Erfahrungen."

06.12.2010   **Energetisches Aufsteigen**

<EEM, hast Du Worte des Verstehens für mich? Mein Hohes Selbst, willst Du zu mir sprechen?>

„Nur das Selbsterlebte ist von Bedeutung, hat Bedeutung! Doch es bewusst zu erleben, so wie Du und doch in allem im vertrauensvollen **Sein** bleiben, dies erschafft den Avatar. Denn durch dies bewusste Hindurchgehen werden alle, und vor allem der Emotional-Körper *erhöht*. Diese *Erhöhung* gebiert dann als Folge davon ein neues Bewusstsein, wobei sich dann alle Prioritäten völlig neu ausrichten. Es verschiebt sich alles nach *oben*. Und wieder einmal ist es genau das, was Du gerade erlebst, besser erfühlst, die *Neustrukturierung*! Doch zuerst verlassen die jeweiligen Körper ihren derzeitigen Schwingungsbereich, um in die höheren Bereiche sich hineinzubegeben. Normalerweise ist es so, dass dieses Aufsteigen von z. B. 10 auf 11 auf 12 erfolgt, doch nicht so jetzt in der Transformation und schon gar nicht bei Dir! Da Du die Vorreiterrolle hast und weil es Dir aufgrund deiner mitgebrachten Struktur möglich ist, ist dein *energetisches Aufsteigen* 10 auf 15 auf 20. Dies sind sehr große Sprünge, doch dadurch werden energetische Bänder gelegt, sogenannte Aufstiegsbänder, welche es dann Tausenden möglich machen, auf dieselbe Weise zu folgen. Gerade bei denen, wo sonst solch ein *Aufsteigen* unmöglich wäre. Deine / eure Vorreiterrolle bezieht sich bisher auf die energetischen Ebenen und **noch** nicht auf dies rein Materielle, somit ist dies materiell wenig sichtbar. Gerade dies macht alles für Dich / Euch sehr schwierig. **Ich**, dein Hohes Selbst, sage Dir in aller Liebe und voller Verstehen für Dich, sei liebevoller mit Dir selbst. Es ist für Dich sehr schwierig, doch machbar, ganz sicher! **Wir** sind bei Dir, dein Hohes Selbst."

12.12.2010 Der Kernausrichtung folgt die Erfahrung

<EEM, ich bitte Dich um Worte, die mir Verstehen schenken!>

„Dann höre auf meine Worte! Was wirklich für Dich gerade jetzt von Bedeutung ist, besser Bedeutung hat, ist die Möglichkeit, Dich zu befreien. Denn all die gemachten Erfahrungen erzeugen in Dir die Konzentration auf das wirklich Gewollte, erkennbar am sich daraus für Dich ergebenden guten Gefühl. Dann bringt das von Dir Erlebte Gefühle der Freude, des *Hier bin ich aufgehoben, hier geht es mir gut*. Doch dies **kann** von Dir nur im direkt Erlebten erkannt werden. Es sind bei allem die von Dir zugrunde gelegten Kernausrichtungen, denn an ihnen orientieren sich dann die gemachten Erfahrungen. Der zugrunde gelegten Ausrichtung folgt die dann zu machende Erfahrung. Der Weg für Dich ist bereits von **Uns** vorbereitet, Du kannst ihn am besten erfühlen und achte auf die Dir von **Uns** übermittelten Energie-Impulse, welche **Wir** Dir für die Erfüllung der jeweiligen Schritte zuführen. Wenn Du Dir je unsicher sein solltest, dann bitte **Uns** um Klarheit. Es ergibt sich jetzt ein sich erfüllendes Ablaufen."

19.12.2010 Auflösung des vorhandenen Energie-Musters

<In mir ist so viel Wut und Unzufriedenheit, dass mein Leben nicht so verläuft, wie ich es mir von Herzen wünsche. Habe keine

Motivation für mein Wirken, es braucht hier irgendetwas anderes, nur was? Hier bitte ich um erkennendes Wissen, vor allem, wenn es an mir liegt. Sollte ich meine alte Sicht und Verhaltensweise ablegen? Was bedarf der Veränderung? Ohne innere Kraft, Freude, Motivation ist es mir so schwer zu wirken! Danke für Verstehen, Erkennen, danke.>

„**Ich**, dein Dich begleitender Schutzengel, die Erzengelkraft Michael, spreche zu Dir im Namen deiner Seele und im Namen von **Uns** allen hier. **Dich selbst dies alles zu fragen**, mit der inneren Bereitschaft alles anzunehmen, dies ist der hauptsächliche Grund dieser erschaffenen Lebenssituationen. Das von Dir Gefühlte braucht zuerst deine Annahme, dass dies so vollkommen gut ist. Nun zum erkennenden Sinn des Ganzen. Wenn ein Energiesystem wie das deine eine komplette Neuausrichtung erfährt, braucht es zuallererst die Auflösung des vorhandenen Energie-Musters. Dabei sind die Gefühle das Bedeutende, denn nur im gelebten Erfühlen kann das Alte aufgehoben und das Neue hervorgebracht werden. Und dazu braucht es erschaffene Lebensumstände, welche die Wahrnehmung des alten Gefühlsmusters ermöglichen und dann die freiwillige Ausrichtung auf das neue Fühlen ermöglichen. In deinem / euren Fall haben **Wir** (mit eurer Erlaubnis) diese Lebensumstände erschaffen, die in Euch so etwas wie tiefste Verzweiflung erzeugten. Denn ***Verzweiflung* ist kollektiv für die gesamte Menschheit das Wichtigste zu transformierende Gefühl**. Nicht Angst oder Wut, oh nein, Verzweiflung an der teilweise sich so deutlich zeigenden Sinnlosigkeit. In eurem eigenen Leben sind es gerade diese eure Lebensumstände, welche in Euch diese

Gefühle der Hilflosigkeit und aus dieser heraus ein Gefühl der Verzweiflung erbrachten. Doch was nun? Da ihr in diesem Zustand eurer Gefühle Euch befindet, ist jetzt die Lösung, die Neuausrichtung möglich. Wie? Sage, richte Dich aus auf dein Wollen, besser dein Wünschen und dies übergib an **Uns**.
Dann wäre dies die beste, erste Absichtserklärung."
Das, was Du jetzt fühlst (*<tiefe Ruhe>*), ist bereits die erste Bestätigung im Fühlen, alle weiteren folgen! Es ist nur verständlich, dein bisheriges Fühlen, da alle deine Lebensumstände sich im völligen Gegensatz von deinem Dich vollkommenen Einbringen befinden. Doch wie Du ja jetzt weißt, ist es das notwendige Erfahrungspotenzial, welches **Wir** für Dich erschaffen mussten! Doch dies ist nun erfüllt und jetzt ist da viel Lösungsenergie!"

<Ich verstehe vollkommen den Sinn all eurer Worte und doch bin ich wie leer. Aber ich liebe und vertraue Euch von ganzem Herzen.>

„Und dies ist gut und berechtigt so!"

14.01.2011 Was ist mit den Mächtigen?

<EEM, du hast mir etwas Wesentliches, Wichtiges mitzuteilen!>

„Der Fokus der Menschheit liegt auch auf diesem Aktivierungscode 2012. Kosmisches Bewusstsein erfüllt das menschliche Bewusstsein. Achte in allem deine Gefühle, sie führen Dich weise bis ans Ziel."

<Was ist mit den Mächtigen?>

„Sie wissen um ihre Verletzlichkeit, ist doch ihr ganzes Wirken-Können aufgebaut auf die Unwissenden. Für sie ist die Offenlegung der Wahrheit gleichbedeutend mit der Außerkraftsetzung ihrer menschlichen Spielregeln. Denn ihr gesamtes Machtsystem beruht auf der scheinbaren Ohnmacht der vielen. Doch dies verändert sich nun sehr schnell, dramatisch schnell! Sie sind der Hauptgrund für dein Wirken im Verborgenen! Bald schon wirst Du dies alles verstehen und die erkannte tiefe Sinnhaftigkeit wird dein Herz höher schlagen lassen. Erlaube nun, dass **Wir** Dir noch näher kommen dürfen!?"

<Ja, ich, Michael Elrahim Amira, erlaube Dir, EEM, Euch allen, Ihr Erzengelkräfte, Euch, den Seelen aus Gott, Dir, Amrides, mein geistiger Führer, und Dir, Jeshua, erster Christus, kommt nun noch näher und vor allem bleibt hier bei mir und erfüllt mein gesamtes Energiefeld jetzt und immer! Danke.>

„So sei es! Du fühlst **Uns** nun viel deutlicher, intensiver. Wisse allzeit um unser Dir-nah-Sein, gib uns, wann immer von Dir gebraucht, den Auftrag, für Dich zu handeln. Es braucht gerade für Dich jetzt die klar festgelegte Ausrichtung, über das von Dir zu erbringend Wollende. Die Macht der Vollbringung, sie liegt bei Dir. Richte all dein Handeln auf Effektivität aus und habe das zu erfüllende Ziel klar vor Augen. Es geht um die zu erbringende Bewusstseinsenergie, mit der die Neuausrichtung, die Programmierung des morphogenetischen Feldes erfolgt. Noch bist Du zweifelnd über die Sinnhaftigkeit des von Dir zu Erbringenden, doch deine 100%ige Überzeugung lässt Dich tief wirkungsvoll handeln. Denn es ist jetzt an der Zeit für Dich, zu wissen, was ansteht. Die Menschheit steht vor einem Abgrund, alle, Bewusste wie Unbewusste, denn Ihr befindet Euch alle hier. Was es gerade jetzt braucht, ist die Erreichung gar vieler. Verstehe, dass sich nun alles völlig verändert, im Außen sieht es nach einer vollkommenen Verschlechterung aus, doch es ist in Wahrheit die Vollendung, indem alles Sinnlose zerfällt. Vertraue, der Ablauf im Rahmen der noch vorhandenen Zeit ist bereits eingegeben. Es ist ein (der) sich erfüllender göttlicher Plan. Die bereits Dir Zugeführten haben noch nicht diese bewusste Erkenntnis so wie Du. Dein *Wissensstand* kommt von **Mir / Uns**. Die Reife der Zeit und die gemachten Versprechen von ihnen allen, lange noch bevor dies alles begann, gibt Dir das Recht, ja sogar die Pflicht, weil Du ihr Führer bist, sie jetzt in aller Deutlichkeit an ihr heiliges Versprechen zu erinnern. Erwecke sie alle aus ihrem Halbschlaf, denn gerade Ihr, die Bewussten auf der ganzen Welt, seid das Ziel der Mächtigen. Nicht speziell eine Person, ihnen genügt es, Euch allen das Leben schwer zu machen. Sie haben es geschafft, Euch, gerade Euch, die Ihr aufgrund eures gesteigertes Bewusstseinslevel, auf höheren Bewusstseinsfeldern Euch bewegt, durch eine *disharmonische Taktung*, welche vergleichbar mit der DECT-Taktung eurer Telefone ist, sehr stark in disharmonisches Fühlen zu bringen. Du selbst kannst dies am eigenen Leib deutlich fühlen, obwohl dies zuerst sehr belastend für Euch erlebt wird, zeigt es doch auch die Tragweite eures Handelns! Die Mächtigen haben enorme Summen und einen enormen Aufwand in die Verhinderung der Bewusstwerdung der Menschheit gesteckt. So erkenne daran die Bedeutung, die Wichtigkeit deines / eures Wirkens.

Natürlich stellt sich für Dich, Euch alle die Frage, was schützt Euch vor ihrer Manipulation? Jetzt verstehst Du es, sie manipulieren Euch vor allem im Schlaf, indem sie Euch *schlecht schlafen* lassen, hoffen sie auf die deutliche Reduzierung eures Wirken-Könnens. Es ist jetzt von allergrößter Wichtigkeit, dass Du verstehst, es geht, besser ist alles in der Endphase. Sie wissen dies nur zu deutlich, doch Ihr alle noch nicht. Dies ist dein Auftrag, versetze sie alle in den Stand der Wissenden, damit sie sich erfolgreich davon befreien können. Höre und verstehe, ihre Macht beruht noch auf eurer Unwissenheit, doch deine Vermittlung der Wahrheit verändert dies nun drastisch.

Jede Erweckung verstärkt nun das von Euch gegenpolige Bewusstseinsfeld. Ihr disharmonisches Kraftfeld steht bereits, doch es ist aufgebaut von Maschinen. Euer Bewusstseinsfeld ist gerade im Entstehen, aufgebaut durch die Gedanken- und Gefühlskraft von Menschen. Der Kraftfaktor ist 1 zu 10 auf rein gedanklicher Ebene, 1 zu 100 auf Gefühlsebene und wächst auf 1 zu 1 Million, sobald Ihr Euch zusammenschließt. **Was braucht es?**

Eure Erstellung eines gemeinsamen Kraftfeldes durch Absicht, welche laut ausgesprochen die höchste Wirkkraft besitzt. Die Neutralisation ihres Kraftfeldes gelingt Euch leicht, durch die Erstellung eures gegenpoligen Kraftfeldes, da eures auf Harmonie beruht, das ihre auf Disharmonie, und alles im Universum Gottes strebt automatisch gemäß der inneren Bestimmung in Richtung Harmonie.

Sobald Ihr mit der Erstellung begonnen habt, wird euer Kraftfeld das ihre zuerst beeinflussen und dann sehr schnell destabilisieren, dann sogar umpolen. Es genügt für Euch, dies nun zu wissen, dass *Wie* genau vermitteln wir Euch bei eurem *Wieder-zusammen-Kommen*. Dies versichere **Ich**, Erzengel Michael, eins mit **Ihnen** allen. Jeder kleinste Schritt von Dir / Euch ist nun geführt von **Uns**. Du kannst nur sinnvoll gemäß deiner Aufgabe wirken und handeln.

In Liebe für Dich, **Wir Alle**! Und im Besonderen **Ich**, die Erzengelkraft, die auch Du bist."

12.01.2011 Bedingung ist ein vorbereitetes Bewusstseinsfeld

„...höre, denn dies nun sind Worte von **Mir**, der Erzengelkraft Michael, und von **Mir**, Jeshua, Dir so vollkommen nahe und auch eins. Du hast vollkommen Recht, es braucht Dich in vollkommener Klarheit all dessen, was es jetzt braucht und welche Möglichkeiten es gibt. Die Wahrheit ist diese, der Aufstieg von der Systemhüterin, für Euch Erde, für **Uns** Gaia, dieser Aufstieg findet 100%ig statt, doch wie dieser sich vollbringt, liegt in euer aller Händen und Herzen. Nur ein vorbereitetes Bewusstseinsfeld, quasi die Einladung, die Erlaubnis, die Bereitschaft zum Aufstieg muss von einem Teil der Menschheit kommen. **Ohne dies findet der Aufstieg ohne Menschheit statt, bis auf eher wenige *Bereite*.** Gerade jetzt wird die Menschheit wie eingelullt, betäubt, hochgradig abgelenkt. Du verstehst dies, doch was ist mit ihnen allen? Du fühlst es und weißt es auch, es braucht eure Deutlichkeit! Denn die Manipulationen sind viele und äußerst Machtvolle. Es gilt jetzt, diese geschaffene Trance, diese Betäubung zu durchbrechen. Was ist jetzt von jedem von Euch das zentrale Thema, besser sollte es sein? Die Transformation, der Wandel 2012. Vergiss ihren freien *manipulierten* Willen! Denn die Wahrheit ist, sie alle sind nur hier, weil sie zugestimmt haben, ihr freier Wille hat sie inkarnieren lassen. Sie alle wussten wie stark die Beeinflussung gerade in der Schlussphase sein würde, deshalb wurdest Du mit der Aufgabe, sie wachzurütteln, hierher entsandt. Was fühlst Du, warum bist Du hier? Aus freien Stücken, oh ja und aus tiefstem Herzen, voller Liebe, um zu vollenden, was **Wir** gemeinsam begannen, Seite an Seite. Mein Aufstieg war die Vorbereitung, dein Wieder-Hiersein ist die

Erfüllung. Willst Du nun mein weltweiter Kanal sein? Willst Du sie alle erwecken durch die Kraft meiner LIEBE? Dann übergebe **Ich** Dir die *Schlüssel der Himmel* und sage Dir, sage Ihnen, wer Du bist!"

<Ich bin der Kanal Christi, durch mich sprichst Du, Jeshua, Meisterlehrer und Avatar der gelebten Liebe.>

„Die Zeit der Wiederkehr und der Vereinigung ist jetzt, so seid bereit, wieder zu empfangen den *Heiligen Geist*, den Odem Gottes, die Euch vollkommen erweckende Wahrheit."

<Aber wer sich selbst erhöht?>

„Du erhöhst Dich nicht selbst, **Ich** selbst, Jeshua ben Joseph, inkarniert als für Dich bekannter Christus, **Ich** selbst erhebe Dich nun, auf dass alle das Wort, die Wahrheit Gottes erfahren. In fühlbarer Liebe für Dich, **Ich**, Jeshua, in Einheit mit **Ihm**, der Erzengelkraft Michael."

28.01.2011 Dein *Aufgeben* ist bereits der Schlüssel

„…diese meine Worte braucht es gerade dringend für Dich. Alles in deinem Leben wird gerade bestimmt von einem inneren Druck, den Du Dir selbst machst. Davon Dich jetzt zu befreien, ist von immenser Wichtigkeit. Dein *Aufgeben* ist dafür bereits der Schlüssel. Darin ist alles enthalten, ja alles. Du selbst würdest sonst den automatischen Fluss deiner Fügungen behindern, denn dazu braucht es natürlich Gelassenheit, deine Fähigkeit, es fließen zu lassen. Dies Aufgeben und damit den

Selbstdruck herauszunehmen, dies lässt augenblicklich den Fluss der kosmischen Ereignisse, welche gerade viele in deinem Leben anstehen, wieder fließen. So versichere **Ich** Dir, sei im Jetzt wieder wissendes Vertrauen, da ist **alles** bereitet von **Uns**. Selbst dein völliges Nicht-Tun bringt dies alles zu Dir. So ist es! Was **Wir** Dir / Euch zum Prozess des Aufstieges jetzt sagen können, ist, es braucht ein **reines, offenes Bewusstsein,** welches in der Lage ist, sich in die Lage versetzt, die zu erbringenden Konsequenzen auch im gelebten Tun zum Ausdruck zu bringen. Es wird ein völlig neues Leben gebraucht, eines, das die Notwendigkeit dieser Phase erfüllt. Ein Bewusstsein, das alles für möglich hält und sich allem öffnet. Denn nur durch diese geistige Offenheit, die sich allem öffnet, kann dann das für alle doch Sinnvolle sich ergeben. Für Dich ist Gelassenheit angesagt, welche Dich einfach das Geschehen beobachten lässt."

30.01.2011 Der Sinn der Naturkatastrophen

„**Wir** sagen Dir / Euch allen jetzt, es ist alles gut! Jedes Ereignis, absolut jedes ist von **Uns** geführt. Mutter Erde und die gesamte Menschheit liegen beschützt in unseren göttlichen Händen. Das sich Ergebende ist alles notwendig, denn noch sind eher wenige Menschen bereit, die Wahrheit zu sehen, so wie sie wirklich ist. Die kollektive Menschheit kann noch nicht in aller Deutlichkeit ihre Verantwortung für alles erkennen! Dazu braucht es die erlebten Erfahrungen und dafür hat sich jeweils ein Teil dieser Menschheit dazu verpflichtet, da zu sein. Sie nehmen die notwendigen Naturkatastrophen auf sich, aus Liebe zu allem. Du selbst wirkst ebenfalls bereits allein durch dein Hiersein, so habe mehr Rücksicht mit Dir selbst. Alle Menschen, auch die von einer Naturkatastrophe betroffenen, sie alle sind geborgen in den Händen Gottes und **Wir**, die Erzengelenergien, behüten sie. Verstehe, erhebe dein Bewusstsein, denke nicht wie ein Mensch, denke wie ein Gott, der Du ja auch bist. Alles Geschehen findet doch nur im umschlossenen Raum und Zeit statt, doch alle Menschen sind doch inwendig Gott. Wie könnte da auch nur einer Schaden nehmen, dies ist nur im Spiel des Lebens möglich, doch dies ist nur ein kleiner, sehr kleiner Erfahrungsbereich. Überall ist das Göttliche, das Vollkommene, das sich natürlich im Spiel des Lebens als menschliches Wesen zeigt, doch in allem ist tiefe Sinnhaftigkeit. Das Schicksal aller Menschen, es liegt in dieser Zeit des Wandels bei Euch, den Menschen. Es ergibt sich gerade täglich, das vom Kollektiv Menschheit geschaffene Karma, Schicksal. Doch dieses kann und sollte von Euch den „Berufenen" gelenkt werden, dazu braucht es gerade Dich und viele deiner Mit-Berufenen, die ihr versteht und lebt, wer Ihr seid! **Ihr** seid die **Veränderung**, ja **Ihr**. Dies war seit Anbeginn der Grund eurer Anwesenheit hier auf diesem Planeten des freien Willens, der jetzt zurückkehrt in das Zentrum der göttlichen Liebe, denn alles ist vollbracht. Sei ab jetzt beruhigt, wisse, da ist alles von uns geführt und geleitet, alles. Die Richtung der Veränderung, den Kurs bestimmt die Menschheit oder **Ihr**, die Berufenen. Nun frage Dich, wo ist dein Herz? Am besten ab heute bei der Kraft deiner Seele, die Du mit ihnen allen verbindest, um das Große zu vollbringen, *die harmonische Heimführung* von ihr, Mutter Erde, und der gesamten Menschheit. Wisse auch, ihm, dem Schreiber dieser Worte, kannst Du vertrauen, **Wir** wirken durch ihn! In Liebe, die da ist von Anbeginn der Zeit, **Wir** alle, die Seelen aus Gott in Einheit mit den Erzengelkräften, für Dich."

14.02.2011 **Die Hüter Energien**

„...die gibt es allerdings, wenige, doch äußerst Wichtige! Deine Ausrichtung, dein Bewusstsein und deine Gedanken, die nun permanent mit dieser Vision 2012 *spielen*, dies gibt Dir die Möglichkeit, alle Informationen, unsere Inspirationen zu Dir zu ziehen. Sie sind bereits da, von **Uns** Dir bereitgestellt, so braucht es hier dein Sie-zu-Dir-Ziehen. Das gesamte Programm, sogar der gesamte Ablauf ist vorbereitet von **Uns**, durch **Uns**. Du bist der Verwirklicher/in all dieser geistig gesetzten Ursachen. Das Dir bereits damals (2004) Gegebene, es verwirklicht sich jetzt. Alles ist bereit, die Zeit ist (erst) jetzt die Optimale, nie zuvor war es möglich, das zu Erbringende umzusetzen, erst jetzt ist dies möglich. Denn euer Wirken braucht die Betroffenheit der Menschen, der Menschheit, denn erst dieses Betroffen-Sein öffnet ihr Bewusstsein, ihre Wahrnehmung für dieses **Mehr**. Jetzt trete auf, trete vor sie als der/die, der/die Du bist: **Erwecker/in der An kana Te**. Deine öffentliche Bereitschaft zu sagen, wer Du bist, hilft ihnen allen, sich zu offenbaren. Die Annahme eines Jeden, einer Jeden, wer sie sind, öffnet die Codierung des morphogenetischen Feldes. Du und damit Ihr alle seid die Ersten, die in ihrer vollen Tiefe die Bedeutung dieser Programmierung erkannt haben. Jetzt handele in aller Kraft und Stärke mit **Uns**. Jede Gruppe hat ihre Aufgabe, bisher hat weltweit niemand außer Dir und Dir, der Du dies gerade liest oder hörst, diese Weisheit so erhalten. Ihr alle seid An kana Te und damit die **HÜTER-ENERGIEN**.

Verstehe jetzt deine und ihre Bedeutung! Befreie Dich von der Meinung all derer, die nicht dies Bewusstsein der Größe haben und auch nicht verstehen, worum es geht. Gar viele haben den Weg vorbereitet, tun dies immer noch, doch Du bist der Vollender, Ihr alle seid die Vollender. Wisse dies, glaube es, lebe es!"

21.02.2011 Gefühl der Unzufriedenheit

<Ich wünsche mir von ganzem Herzen, dass der Gott, die Göttin in mir wieder erwacht und in göttlicher Kraft, Stärke und Liebe durch mich wirkt. Ich wünsche mir von ganzem Herzen, dass Du meine Seele durch mich wirkst, Dich in mir und durch mich zum Ausdruck bringst. Dies wünsche ich mir so sehr! Und ich wünsche mir nun deine Worte für mich gerade jetzt!>

„Dann, mein Seelenanteil, höre mit deinem Herzen! Gleichwohl es dein Wunsch, dein Wünschen ist, ist es auch das **Meine** für Dich. Nun wisse, sobald Du dies tiefe Bedürfen in Dir erfühlst, heißt dies für Dich, es kommt von **Mir**, der Seele. Dir zugeführt, um Dir das darin Enthaltene **geben zu können**! Gerade deine zurzeit erfahrenen Lebensumstände **sind angezogen** von Dir, von deinem Gefühl der Unzufriedenheit. Doch dies ist Vergangenheit, denn jetzt bin **Ich** in der Lage, Dir in allem größte Fülle, Freiheit und Glück, also all dies von Dir so sehr Gewünschte, zu geben. Doch dazu braucht es dein **Anziehungsfeld**! Deine Gedanken, welche dann Gefühle in Dir erzeugen, sind die Akkumulatoren, die Kraftzentralen, welche automatisch dies von Dir Erwünschte anziehen. Jetzt ist für Dich die Gelegenheit, im Vertrauen in **Mich,** deine Seele, gar

Großes zu erschaffen, zu schöpfen. Lege die Angst, die noch in Dir ist, vollkommen ab. Denn sobald Du nun dein Denken und Fühlen auf dies Gewünschte ausrichtest, führe **Ich** es Dir auf meinen Wegen hin. Dabei braucht es kein **Tun** von Dir, sondern nur dieses bewusste **Sein**, dies Dich Im-Denken-und-Fühlen-Aufhalten, bei dem von Dir so sehr Gewünschtem! Es ergibt sich alles ganz leicht, von selbst, da jetzt die Zeit reif ist und ICH in Einheit mit den Erzengelkräften in der Lage bin, Dir / Euch alles zu geben. Ja wünsche, wünsche! Sei ganz in diesem Zustand der Versenkung, der Ausrichtung auf das von Dir Gewünschte. Fühle und sehe mit deinem inneren Auge, wie diese Kraft von Dir ausströmt und sie das Gewollte anzieht. Bleibe jetzt bei diesem deinem Gewünschten! Verbinde Dich mit **Mir** und denke, meine Seele: Hilf! Dies alles betrifft den Menschen in Dir. Ihn zu veredeln, ihn auf die Stufe der 5 zu erheben, zu transformieren, das ist das Ziel, die Aufgabe. Nur dein immer wieder Es-Wünschen, Dich von Herzen ausrichten auf dies Gewünschte, bringt den 3-D-Menschen in die Dimension der 5. Jedes Mal, wenn Du aus ganzem Herzen Dir dies neue **Sein** wünscht, erhebt dies Dich auf die nächste Stufe. So stellt dies ein stetiges *Aufsteigen* dar, es gibt dann die Möglichkeit, dass Du wie einen oder mehrere Schritte auf dieser Stufe zurückgehst, doch Du bleibst auf dem erreichten Level! Frage Dich immer wieder, was ist für Dich von wirklicher Bedeutung?"

28.02.2011 **Feld der Fülle**

„Was immer Du / Ihr jetzt für diese Welt tut, das tut Ihr / Du auch für Dich / Euch. Frage Dich, bin ich An kana Te, dann höre auf dein Gefühl, was sagt es Dir? Wenn nicht Du jetzt handelst, wer dann? In dieser Fülle der Zeit, in der alles reif ist, braucht es nur noch den sich selbst ermächtigenden Menschen, den An kana Te, den Hüter Mutter Erde. Bist Du bereit, die Krone der Schöpfung zu sein und damit diese Schöpfung zu erlösen? Bist Du bereit, dein eigenes Leben jetzt zu leben als Meister/-in? Bist Du bereit, in all deinen Lebensbereichen ein meisterliches Leben, gelebt in Fülle und tiefer Freude, zu leben, zu sein? Bist Du bereit? Dann handele jetzt! **Höchste Dringlichkeit!**
Was ist dein Leben wert? Was brauchst Du für dein gelebtes Leben? Was ist deine Lebensgrundlage? Sie ist es, Mutter Erde, ohne sie bist Du, in aller Liebe, **Nichts**. Sie gibt Dir alles, sie ist die Grundlage deines irdischen, materiellen Lebens. Ihr Leiden sollte auch das Deine sein. Hörst Du nicht ihr Rufen? Sie ruft nach Dir, denn Du bist ihr Hüter, ihre Hüterin. Für ihre Erlösung braucht es Dich! Was geschieht, wenn Du ihren Ruf ignorierst? Dann höre jetzt, denn dies ist die Wahrheit: Wenn Du nicht bereit bist zu erlösen, dies, was jetzt dringend Erlösung braucht und was jetzt möglich ist, in tiefer Harmonie vollbracht durch Euch, die Hüter-Energien. Dies muss dann von Ihr, der Systemhüterin, allein erbracht werden! Gleichwohl dann in Disharmonie! Mutter Erde muss dem folgen, was hat die höchste Energie? Dem Feld der Disharmonie oder dem Feld der Harmonie. Welchen Wandel wünscht Du Dir für Dich selbst und für diese Welt? Wie möchtest Du es haben?

Verstehe, da ist dein mitverantwortliches Handeln, das bedingt, was und wie es geschieht. Vor diesem Leben, dieser Inkarnation, war Dir dies vollkommen bekannt, doch jetzt im Leben selbst hast Du es vergessen, den Grund deines Hierseins! Du bist der Erlöser, die Erlöserin, ja Du! Wie lange noch willst Du Dich verstecken, wie lange noch? Bis alle Lebensgrundlage zerstört ist? Glaube ja nicht, es würde sich irgendwie lösen, oh nein, es braucht Dich!"

Der Grund der fehlenden Fülle bei den Berufenen

„Der Grund der fehlenden Fülle bei den Berufenen ist in Wahrheit ihre Weigerung, der Berufung selbst zu folgen. Dein Freund stellt seine persönlichen Gefühle über alles und er folgt in Wahrheit bei allem, seinem Bedürfnis geliebt zu werden. Der innere Mangel soll durch Äußeres erfüllt werden. Dies Unterfangen ist ein Unmögliches, deshalb folgen für ihn stets diese *Ent-Täuschungen*. Sie sind nichts anderes als die Beendigung seiner Selbst-Täuschung. Für ihn ist Folgendes von großem Wert: **Ich bin wertvoll, ich liebe das, was ich bin, ich liebe dieses mein Leben.** (<mindestens 3 x wiederholen>)
Auch für Dich heißt es, sei noch mehr, viel mehr bei dem, was Dir Freude bereitet, was Dich erfüllt. Verlasse in deinem Denken und dadurch automatisch in deinem verursachenden Fühlen dies Alte, Dich noch Umgebende. Ignoriere es, vergiss es! Sei bereits jetzt in dieser deiner neuen Welt, sehe sie und fühle Dich bereits in ihr, das ist der Schlüssel. Nach dem Gesetz der Anziehung folgt die persönlich erlebte Erfahrung der zuvor gedachten und damit gefühlten Aufmerksamkeit. Du allein bist für jede deiner Lebenserfahrungen

verantwortlich und willst Du die gerade erlebten Lebensumstände verlassen, dann verlasse zuerst die sie bisher
erzeugten Gedankenfelder. Ja verlasse sie in deinem Jetzt,
deiner Gegenwart, sofort! Gerade ein/e Meister/-in wie Du
erzeugt ihre eigenen Lebensumstände bewusst oder
unbewusst. Wenn Du materiellen Mangel gerade erfährst,
dann, weil Du selbst es bewusst oder unbewusst so gewählt
hast, Du deine Schöpferkraft auf den Mangel ausrichtest. Die
von Dir empfundene Bedrohung ist in Wahrheit deine Seele in
Dir, die Dich dein bisheriges Fehlverhalten erkennen lassen
will. Du besitzt keinen Cent, wie Du sagst, das heißt doch,
wenn Du endlich ehrlich zu Dir selbst bist, Du selbst hast diese
Lebenssituation erschaffen. Du selbst hast ein Mangeldenken,
denn aus deinen Gedanken entstehen Gefühle und Gefühle
ziehen nach dem Gesetz der Anziehung die Lebensumstände
an, die diesen deinen Gedanken entsprechen. Nun, lieber Engel
Gottes, der Du auch bist, frage Dich selbst, wer ist für dein
Leben, deine Erfahrungen verantwortlich? An deiner Antwort
kannst Du erkennen, ob noch das Menschliche in Dir oder
bereits das Göttliche in Dir stärker ist. **Wir** könnten Dir noch so
vieles dazu sagen, aber da in deinen Bewusstseinszustand so
ein Gefühl von Wut vorhanden ist, auch eine gewisse
Ohnmacht, werden diese unsere Worte Dich eher noch mehr
verärgern als Dir helfen. Gerade dies alles ist das Wesentliche,
worum es geht! Die Berufenen wie Dich wieder in ihre
Selbstmacht zu bringen, denn wer sich selbst nicht helfen kann,
wie soll er anderen helfen?

Bitte erlaube **Uns,** hier nun zu enden, sollten unsere Worte
etwas in Dir erzeugen, gleichwohl Freude über das Erkennen

oder Wut, dann bedenke, dass dies Gesagte nichts bedeutet, außer deiner Reaktion dazu.

In tiefer Liebe und Verbundenheit, **Wir,** die Erzengelkräfte in Einheit, mit deiner Seele für Dich."

Erklärungen der Begriffe An kana Te und Avatar

<Habe heute durch meine Agnieszka eine so sinnvolle und grundlegend wichtige Anregung erhalten, die zeigt, hier braucht es eine grundlegende Erklärung. An kana Te und Avatar – was sind das für Begriffe? Worum geht es dabei? Die geistige Welt vermittelt mir gerade sehr deutlich, da ich keine Channel-Energie erhalte, dass hier ich, der Mensch, dies aufklären darf. Also gut, nun meine Erklärung, meine Wahrheit, gemäß meinem Verständnis. Allerdings noch vorab sehr wichtig: Meine Agnieszka zeigte mir beim gemeinsamen Frühstück sehr deutlich auf, dass für sie wir alle gleich sind. Diese Begriffe oder Titel würden wieder zu einer Trennung führen, vielleicht beim einen oder anderen sich besser fühlen, sich über die anderen *Normalen* zu erheben! Interessant, wie klar etwas aus der eigenen Sicht sich darstellt, doch für einen anderen Menschen erst einmal anders wahrgenommen wird. Nach meinem Verständnis, meiner Wahrnehmung ist An kana Te und Avatar eine Aufgabe. So wie *Mutter* kein Titel darstellt und obwohl *Mutter-Sein* ganz sicher die herausforderndste, wertvollste und zugleich sinnvollste Aufgabe ist, sind Mütter nicht besser oder wertvoller als andere Menschen und fühlen sich sicher auch nicht besser, sondern sie haben diese besonders wertvolle *Mutter-Aufgabe*. Da die Bedeutung von An kana Te, Hüter/-in von Mutter Erde und Bewahrer der Menschheit seit Anbeginn der Zeit ist, heißt dies, die An kana Te-Aufgabe ist Mutter Erde und die Menschheit vor jedem Schaden zu

bewahren, beides zu behüten. Und gleichwie die Mutter ihr Kind beschützt, es mit allem Notwendigen versorgt (materiell, emotional und geistige Energien zur Verfügung stellen), haben wir die An kana Te, hat jeder Einzelne An kana Te dies für Mutter Erde und die gesamte Menschheit zu erbringen, einfach weil es die selbst gewählte Aufgabe ist. Und so wie jede Mutter sich niemals besser oder wertvoller fühlen würde als andere Menschen, da sie nur aus einem einzigen Grund diese ihre wundervolle Aufgabe erbringt, aus reiner Liebe. Und so, genauso ergeht es jedem, jeder reinen An kana Te, sie wirken aus tief erfülltem Herzen, aus Liebe zu dem Ihnen Anvertrauten. Somit ist das Gefühl, der Beweggrund eines An kana Te nicht Hochmut oder sich besser fühlen, sondern tiefe Liebe, Demut und vor allem Dankbarkeit, diese Aufgabe zu erfüllen. Der Begriff *Avatar* fühlt sich für mich noch wie eine Steigerung dieser Aufgabe an, denn die **Avatar-Aufgabe** ist die wertvollste, die sinnvollste Aufgabe, die es über alle Inkarnationen zu erfüllen gibt. Denn sie beinhaltet die Fähigkeit, nach vielen erbrachten Inkarnationen, den Erfahrungsstatus einer *alten Seele* erreicht zu haben (*Alte Seele* wird im spirituellen Bereich ein Seelenanteil genannt, der schon mehrere Hundert, vermutlich sogar Tausende von Leben gelebt hat, viele von ihnen sehr sinnvoll), um dann in dieser letzten Inkarnation genau das zu vollbringen, die Schlussaufgabe. Den Reinkarnationszyklus eigenständig, selbst-bewusst zu beenden und ihn zu verlassen. Somit ist für mich die Avatar-Aufgabe das Erkennen meines wahren Wesens, meiner eigenen Göttlichkeit und das, obwohl ich mich noch in meinem materiellen Körper befinde! Erreicht dies ein Menschenwesen, wird es für alle anderen Menschen zum Katalysator, denn die Schwingungsfrequenz eines Avatars erhöht sich durch die Erkenntnis seiner Göttlichkeit in enormer Weise! Alle Meister (auch Meister ist kein Titel, keine Besserstellung,

113

sondern das Aufzeigen eines selbst erbrachten Erfüllungszustandes, von Unwissend zu tiefer Selbstfindung) haben dies vorgelebt und wurden in ihrer letzten Inkarnation Avatare.

Puh, dem Himmel sei Dank und vor allem meiner Agnieszka, denn ich fühle, wie wichtig und tief notwendig diese Erklärungen für viele sind. Und da ich schon mal dabei und richtig in Fahrt bin, möchte ich noch bitte Folgendes erklären.

Immer wieder werde ich auf unseren für Dich-Abenden darauf angesprochen, warum gerade wir, die für Dich-Bewegung, die Vision 2012, die An kana Te jetzt für die Erde, die Menschheit wirken sollen, so bedeutend für den Wandel sind? Es gibt doch so viele Gruppen weltweit, die alle schon hierbei wirken? Dazu habe ich ein so wundervolles Bild erhalten, dies möchte ich Euch hier gerne vermitteln, denn diese Frage des „Warum soll gerade ich, sollten gerade wir jetzt auch noch wirken?" ist wohl die wichtigste Frage überhaupt. Denn in ihr steckt die gesamte, gleichwohl perfekte Lösung aller unserer Probleme, wie Umweltverschmutzung, Ungerechtigkeit, Krankheiten, sogar alle Naturkatastrophen. Nun das Bild!

*Stell Dir einen Brunnen in der Mitte deines Bildes vor und darum stehen ca. 50 Eltern, also alles Väter und Mütter. Du selbst bist ca. 20 Meter von diesem Brunnen entfernt und **dein Kind** geht auf den Brunnen zu, ja ist mittlerweile kurz davor! Würdest Du einfach regungslos verharren, in der Gewissheit, da sind ja 25 Väter und vor allem 25 Mütter, sie werden doch ganz sicher **dein Kind** vor Schaden bewahren? Und was wäre, wenn plötzlich **dein Kind** oben am Brunnenrand steht und Du nun vielleicht zu spät kommst, denn immerhin sind es 20 Meter! Und was, wenn aufgrund deines Aufschreies nun auch noch **dein Kind** in den Brunnen fällt? Weißt Du, woran es liegt, dass 50 andere Väter und Mütter nicht gehandelt*

114

haben, worauf Du ja vertraut hattest und sie **dein Kind** nicht vor Schaden bewahrt haben? Aus einem einzigen Grunde, demselben wie dem Deinen. Sie alle gingen davon aus, die anderen Väter und Mütter, dass doch der zuständige Vater, oder die zuständige Mutter doch sicher auf das **eigene Kind** achtgeben! Woran liegt es, das trotz 51 liebevollen Vätern und Müttern, die voller Fürsorge sind, nun doch dieses (**dein**) Kind in den Brunnen fallen konnte, gefallen ist? Weil alle die eigene Verantwortung einfach aus Gründen der eigenen Bequemlichkeit abgegeben haben! Und dies, meine lieben Freunde, dieses Gefühl überkommt mich bei (leider) gar einigen Menschen, Spirituellen, Bewussten, auch sogar bei für Dich-Freunden, besser bei An kana Te. Puh, jetzt ist auch dies endlich raus.>

08.03.2011 **Die An kana Te-Hüter von Mutter Erde**

<Alle An kana Te erkennen sich jetzt, öffnen sich und kommen in ihr verantwortungsbewusstes Handeln für Mutter Erde und die gesamte Menschheit. Gemeinsam erbringen wir das harmonische Bewusstseinsfeld und damit den harmonischen Aufstieg von Mutter Erde und der Menschheit. So ist es! EEM, ich wünsche mir wieder einmal Worte von Dir, erfüllt mit tief greifender Wahrheit über den Transformationsprozess, das große Ganze. Danke Dir!>

„Dann sei bereit für diese meine Worte für Dich und Euch alle! Während die alte Welt auf ihr Ende zusteuert, ist dies Neue, die neue Welt, euer aller neues Sein dabei, sich von diesem Altem gerade absterbenden, zu lösen. Dies löst in Euch den Sensitiven, diese fast permanenten Gefühle der tiefen Trauer, des Verlustes aus. Emotionale Schmerzen, welche bei vielen auch körperliche Schmerzen sind, rühren von diesem

Alt-Loslass-Prozess her. Dies ist ein kollektives und weltweites Phänomen. Wie damit umgehen? Durch Wissen und daraus gelebte Akzeptanz. Die allmähliche fast Gleichzeitigkeit der Gedanken und Gefühle ergibt dein Erleben. Diese immer schneller sich ergebende Jetzt-Situation macht es Euch und **Uns** für Euch so leicht möglich, euer Gewünschtes in eurer Gegenwart für Euch erfahrbar zu machen. Doch dasselbe bedeutet es für euer noch ständiges Verweilen in den Euch belastenden Lebensumständen, denn gerade dieses Verweilen und sich starke emotionale *Aufregen, Ärgern* verstärkt natürlich diese vorhandene Situation. Hier gilt natürlich dies: *Was Du säest, das musst Du auch ernten!* Es gibt nur diesen einen Weg kollektiv für das große Ganze, wie auch für dein eigenes kleines Leben, besser Erleben. **Dein ständiger innerer gedachter und gefühlter Zustand bildet die Voraussetzung für das, was Du anziehst.** Dies ist das von Euch erfahrbare Gesetz der geistig-seelischen Bedingung, des körperlich zu Erfahrenden. Alles, was Ihr gerade jetzt erfahrt, ist ausschließlich bedingt durch euer inneres **Sein**, dem Zustand eurer Gedanken und Gefühle. Für Euch Meister/innen heißt dies nun, gerade jetzt! Schaut Euch eure Jetzt-Erfahrungen an. Akzeptiert, sie kommen, sind angezogen und geschöpft aus gleichwertigen Gedanken, die dementsprechende Gefühle erzeugten. Diese haben eure gerade gemachten Erfahrungen nach dem Gesetz der Anziehung angezogen. Nur deine 100%ige Annahme, es ist deine Schöpferkraft, die dies erzeugt, **Du alleine** bist für jede deiner Lebenserfahrungen verantwortlich. Und willst Du die gerade erlebten Lebensumstände verlassen, dann verlass zuerst die sie bisher erzeugenden Gedankenfelder. Ja verlasse in deinem

Jetzt, deiner Gegenwart, sofort diese Gedanken und begebe Dich jetzt in Gedanken in dieses neue Leben, diese neuen Lebensumstände, die Du Dir so sehr wünschst. Wisse! **Gedanken erzeugen Gefühle und Gefühle ziehen immer die Realitäten an, welche diesen Gedanken entsprechen, immer, jederzeit und überall!** So ist der Weg ins Glück stets der gleiche: Frage Dich zuerst, wie möchtest Du Dich fühlen? Was wünschst Du Dir von ganzem Herzen? Warum wünschst Du Dir dies? Sobald Du vollkommene Klarheit hast in Bezug auf diese drei Fragen, besser gesagt Bewusstseinszustände, dann entscheide Dich hierfür. Dann sei mit deinen Gedanken nur noch dort, negiere, schließe alles andere aus deinem Denken einfach aus! Nimm die 3 x 7 Tage der Heiligkeit als notwendig von Dir zu erbringenden Aussaatzeitraum."

10.03.2011 Entscheidung-Handeln aus Angst-Vertrauen

„Wenn Du nur auf das in Dir Gefühlte hörst, dann fühlst Du gerade jetzt tiefe Ruhe, denn Du weißt, es ergibt sich alles in deinem Leben, geführt durch **Uns**. Wie immer bestimmen die Teilnehmer ihre Teilnahme selbst, **Wir** dürfen nur beeinflussen, leiten, aber der freie Wille legt die Entscheidungshoheit bei allem in die Hände jedes Einzelnen, jeder Einzelnen. Die Entscheidung und daraus das Handeln werden bestimmt, ausgeführt aus zwei möglichen Faktoren, Entscheidung und Handeln aus Angst oder aus Vertrauen. Es gibt allerdings auch die Variante Entscheidung aus Angst / Vertrauen, ohne zu handeln. Nun zu Dir! Bleibe in deiner gefühlten, Dir von **Uns** vermittelte Wahrheit. Vertraue **Uns** und wisse, alles Dir Vermittelte ist tiefe Wahrheit. Allmählich für die *Nichthandeln-Wollenden* unangenehm, doch angenehm oder nicht, Wahrheit bleibt Wahrheit. Du kannst wahrhaft nicht Ihnen treu sein und es recht machen so vielen! Die Wahrheit ist, Du weißt sehr genau, worauf es ankommt, und Du bist tief verbunden mit **Uns**! So ist *deine Wahrheit* die Unsrige. Nur deine Treue zu Dir selbst, zu deiner erkannten Wahrheit, gibt Dir die Möglichkeit, selbst-vertrauend zu wirken. Es ist nicht die Ablehnung deiner Person, oh nein, es ist ihre eigene Angst, konfrontiert zu werden mit der Wahrheit, die sie ja bereits in sich selbst fühlen, denn die Seele ist stark in Ihnen **allen**. Habe Geduld mit Ihnen, das sich ergebende Erleben dort draußen in ihrer materiellen Welt wird alle früher oder später zu bzw. wieder zu **Uns** führen. **Du bist alleine verantwortlich, Kanal zu sein und höchste Wahrheit weiterzugeben.** Impulsgeber/in zu sein und die innere und äußere Struktur, Ordnung zu bilden. Für die Ausführungen, für das jeweilige Ergebnis ist der Einzelne, die Einzelne verantwortlich! Ja viel wichtiger ist es für Dich, sehe Dich in deiner neuen Welt, lebe bereits in ihr, dein Erleben ist frei von ihren Entscheidungen. Unterbinde es immer sofort, Dich selbst eventuell aufgrund ihrer Aussagen, ihres Handelns oder ihres Verhaltens danach zu beurteilen. Wie schon oft, sage **Ich** es Dir auch jetzt wieder, Du bist in allem geführt und geleitet durch **Mich**, **Uns** alle, dies ist die Wahrheit. In Liebe, EEM für Dich."

<Danke Dir für diese Klarheit! Ich wünsche mir so sehr, bei allem in der Liebe zu sein, dem Gefühl der Liebe zu sein und zu bleiben. Ja, jetzt entscheide ich mich für allseits gelebte Liebe in allem und zu allem. Und so ist es, jetzt!>

15.03.2011 Worte der Wahrheit zu Fukushima / Japan

„Dein Wirken ist dieses! Unsere Worte, erfüllt mit der Schwingung der Liebe, an sie alle weiterzugeben, durch das gesprochene oder das geschriebene Wort. Diese Aufgabe erfüllst Du, da Du Dir **Uns** so sicher bist, mittlerweile vortrefflich. Nun kann es losgehen! Du warst verwundert, wie viele bereit sind, doch dies ist erst der Anfang, denn es vollzieht sich weltweit. **Wir,** eure Seelen aus Gott, in Einheit mit **Uns,** den Erzengelkräften, sagen Euch jetzt, diese **gesamte** Welt braucht dies gerade Erlebte, denn nur dies so gerade sich Ereignende bringt Euch in eure Verantwortlichkeit für diese Euch anvertraute Welt. Nur ein solch globales, Euch alle betroffen machendes Ereignis lässt Euch endlich aufblicken von **eurem** kleinen, doch so bedeutenden Leben, euren *kleinen Problemen*. Jetzt ist eure Sichtweise wieder bei dem Euch wirklich Betreffenden, bei Ihr, Mutter Erde, und der **gesamten** Menschheit und nicht nur bei dem kleinen Teil, der Euch so wichtig ist und den Ihr eure Familie nennt.

Was ist ein Leben wert? So viel wie alle! So ist jedes gerade gegebene Leben geschenkt aus der Einheit aller, für alle! Richtet eure Aufmerksamkeit nicht auf diesen Verlust, das *Opfer, das diese Seelenanteile aus Liebe erbringen*, sondern auf den Grund! Denn dies ist die Befreiung der Menschheit aus ihrer Lethargie, ihrer Leblosigkeit, ihres Abgelenkt-Seins, der Kunst des Nicht-wahrhaben-Wollens, der Ignoranz, dass dies das *Ende der alten sich erfüllten Zeit* ist. Wer bist Du, Menschenkind, dass Du so vollkommen dein göttliches Erbe, dein wahres SEIN vergessen hast? Was ja der Sinn dieses zu

119

spielenden *Spiel des Lebens* war, dass Du dich jetzt immer noch weigerst, obwohl es an der Zeit ist, nun aufzuwachen! ***Te Oma Ka Te* heißt *Erwache, meine Seele in mir***. Wo bist Du, heilige Meisterin, heiliger Meister? Du, deren Wiedererscheinen auf dieser Welt, in dieser Zeit und zusammen mit Ihnen allen, deinen Brüdern und Schwestern, Dir bekannt aus so vielen Zeiten, so vielen Leben, dass es Dir leicht fällt, sie Familie zu nennen? Du die Voraussetzungen erbrachtest für diese Heimkehr! Ja **Du**, An kana Te? Dein Hiersein ist die Erlaubnis, die Voraussetzung für Mutter Erde aufzusteigen. So erfülle dein Versprechen, gegeben in Liebe der Quelle, erhebe Dich und lasse dein Licht leuchten! So sei es. In Licht und Liebe, **Wir**, eure Seelen aus Gott, die Erzengelkräfte in Einheit mit **Mir**, der Christuskraft Jeshua."

21.03.2011…**Sprung oder sanftes Hinübergleiten**

„Es ist für Dich von großer Bedeutung zu wissen, da ist viel Betroffenheit unter den Menschen dieser Welt, aber noch zu wenig echte Bereitschaft zur Veränderung. Du weißt, was dies bedeutet? Sie, Systemhüterin Mutter Erde, sie geht voran! Sie bereitet sich vor für ihren Aufstieg, wenn es sein muss auch für einen Sprung! Wenn der kosmische Zeitpunkt erreicht ist, entscheidet alles darüber, wie weit Mutter Erde bis dahin aufsteigen konnte. Dies wird bedingt durch die Bereitschaft der Menschheit, den Bewusstseinslevel genügend anzuheben, damit es kein Sprung, sondern ein sanftes Hinübergleiten wird. Frage in allem nicht nach dem Wie, sondern gehe über zu dem Wozu? Dann wird sich das *Wie* ganz von selbst finden. Alles Geschehen wird gelenkt und geleitet von **Uns**, alles. In Einheit mit all den freien Willen (Opfern, Helden) vollbringen **Wir** das Notwendige, damit sich eure Einstellung, eure Bereitschaft zur Veränderung wandelt. Kümmere Dich wenig um die Kritisierer, die Betroffenen (Druckempfindenden), denn sie werden keine Veränderung bringen. Du richte aus dein Bewusstsein auf die Wollenden, die Verstehenden. Ihr vollbringt gemeinsam das Notwendige."

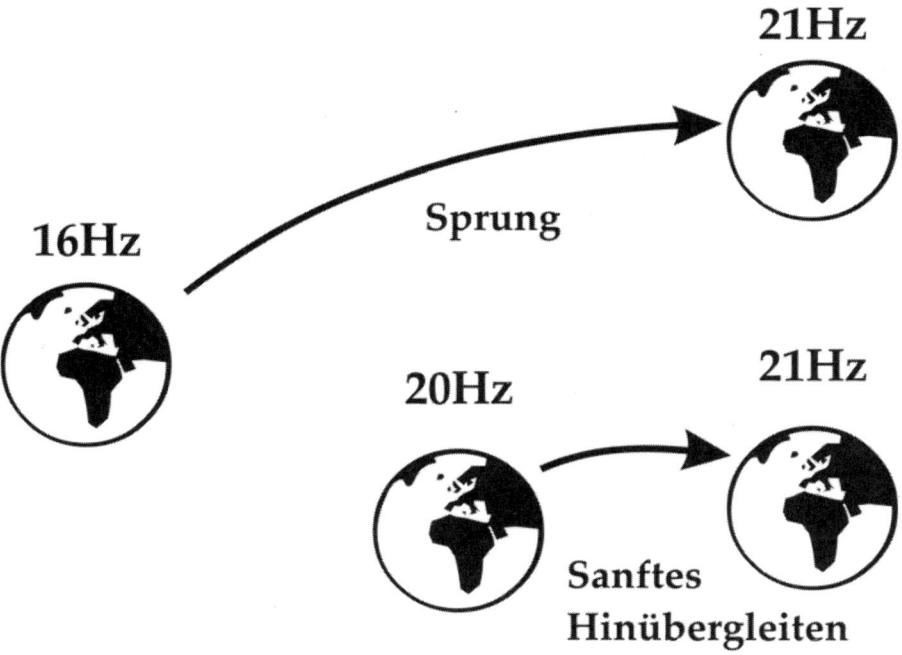

Bei niedrigem Bewusstseinslevel findet ein Sprung und bei bereits angehobenem Bewußtseinslevel ein sanftes Hinübergleiten statt.

22.03.2011 Mutter Erde – Resonanzfeld der Harmonie

<Mutter Erde, hast Du Worte für uns?>

„Die habe ich! Als Systemhüterin ist es meine Aufgabe, ja sogar meine Pflicht, die Voraussetzungen für einen kollektiven Aufstieg bereitzustellen, vorher zu erschaffen. In meinen Händen liegt es, dieses gesamte Planetensystem anzuheben. Da aber auf mir sich eigenständiges Bewusstsein befindet (<Menschen>), die noch dazu mit einem freien, eigenständigen Willen ausgestattet sind, ist mein vorbereitendes Wirken in großer wechselseitiger Abhängigkeit von diesem menschlichen Bewusstsein. Genauer gesagt hängt mein Wirken von diesem menschlichen Bewusstsein ab. Da die Menschheit zusammen mit den Cetacaen (Wale und Delfine) die Hüter-Rolle übernommen haben, braucht es das *Mit-Vorbereiten* dieser Hüter-Energien. Und gerade da liegt das Problem! Noch sind zu viele der Hüter/-innen verstrickt in ihrem Leben, sind sich nicht ihrer Aufgabe bewusst und damit **fehlen sie**."

<Folgendes Bild habe ich dazu von Mutter Erde übermittelt bekommen: Schaubild mit Erde bei ca. 20 Hz sanftes Hinüber-gleiten = harmonischer Aufstieg. Und 16 Hz braucht es einen Sprung, der einem Polsprung gleichkommen würde. 21 Hz ist das Ziel am 21.12.2012.>

„Um vom Jetztpunkt ca. 13 Hz zu 21 Hz zu kommen, braucht es Bewusstseinsenergie. Es braucht ein permanentes Feld der Energie *Harmonie*, die ständig von den Hüter-Energien in genügender Stärke aufrechterhalten wird. Dazu braucht es genügend einzelner Bewusstseinssendestationen. Diese sind angehalten, möglichst beständig ihr eigenes Bewusstsein in Harmonie zu halten und gleichzeitig in tiefer Überzeugung den harmonischen Aufstieg vor Augen haben. Bisher sind es zwischen 500.000 und 1.250.000 Millionen bewusster Menschen, die teilweise immer oder in Abständen diese *Harmonie-Energie* ins morphogenetische Feld von Mutter Erde einfließen lassen. Doch es braucht mehr von Ihnen und **gleichzeitig Beständigkeit**. Gut, nun zu diesem für Euch wahrnehmbaren Datum in eurer Zeit-Raum-Erfahrung. Bis zu diesem Tag 21.12.2012 ist die Vorbereitung für den Ablauf des Aufstieges zu erbringen. Es wird ab dem Tag 22.12.2012 für alle dann noch körperlich Anwesenden auf mir eine völlig neue Wahrnehmung geben, das Leben gleichzeitig in zwei Welten!"

<Kommt es vorher zu einer Trennung im materiellen Bereich? Wie viel Wirken, Aufwecken von Dir Mutter Erde braucht es?>

„Natürlich gibt es die Trennung, sie findet bereits jetzt statt und alles ist davon betroffen. Nun zur aller wahrscheinlichen Wahrheit. Sollte die Menschheit **nicht** zu diesem veränderten Handeln sich entscheiden, dann braucht es noch viel, sich enorm steigernde Katastrophen, gesteuert durch sie, die Systemhüterin. Nur Ihr, die Hüter-Energien, könnt dies dann abmildern! Die Trennung findet vor allem im Innern der Menschen statt, die sich immer weniger zu sagen haben, je nachdem wie ihr Bewusstseinszustand ist. Die Hauptaufgabe wird es sein, die Menschen über das Hintergrundgeschehen, bewirkt durch die Mächtigen, aufzuklären. Denn diese Gleichgültigkeit der Masse gibt Ihnen noch ihre Macht, doch sobald das Wissen ihre Lethargie zertrümmert, werden sie kollektiv anfangen, aufzubegehren. Dazu braucht es ein ***Resonanzfeld der Harmonie***, denn nur dann wird dies Aufbegehren ein so großes, gleichwohl mächtiges in Harmonie sein, dass sie nichts dagegen ausrichten können. Die Größe, Menge der Menschen und ihre gelebte in ihnen ruhende Harmonie werden sie die Mächtigen auf einen Schlag entwaffnen. Voller Liebe und Wahrheit für Dich, Mutter Erde, EEM, deine Seele, und **Ich**, Jeshua."

24.03.2011 **Das *Feld der Disharmonie***

<Habe sehr starke Kopfschmerzen, was bei mir sehr ungewöhnlich ist, da ich nie welche habe. Wie kann ich wirken? Fühle mich so erschöpft, ohne Freude, Motivation, wirke ich falsch? Mit der falschen Einstellung? Aus meinem göttlichen Sein heraus bitte ich Euch, meine Seele, Dich EEM, Dich Jeshua, um eure göttliche Hilfe. Danke von Herzen.>

„Die Wahrheit ist, dass dies alles auch auf dein Dich zurzeit immer wieder erfüllendes Denken zurückzuführen ist. Doch ist dies nicht der alleinige Grund, die Verstärkung ergibt sich aus dem Euch umgebenden *Feld der Disharmonie*. Dieses Feld verstärkt jedes Angstdenken sofort, ja es nährt sich aus den angsterfüllten Gedanken der Menschen. Es ist äußerst schwierig, ja anstrengend, immer wieder gegen dieses Feld eigene positive Gedanken, ein eigenes positives Gedankenfeld zu erschaffen. Sie, die Mächtigen, geben all ihr Mögliches, um dieses Disharmonie-Feld (2 x niesen) gerade jetzt so zu stärken, damit es fast unmöglich ist, in einem Feld der Harmonie zu sein. Sie sind dabei bereit, bis an das Äußerste zu gehen! Würde es Dich überraschen, dass sie selbst in einem hohen Maße zu dieser Katastrophe beigetragen haben? Wie schon einmal zwingen sie dies mächtige Volk über die Atomkraft, über die **sie** gebieten, in die Knie! So bleibt nur noch **Ihr**, die weltweit vorhandenen Hüter/-innen. Was könnt Ihr tun, ist deine berechtigte Frage? Die Erschaffung des *Feldes der Harmonie* und die Aufklärung der Massen ist der zu erbringende Weg. Du fragst Dich, wie aus all dem herauskommen? Die Lösung liegt wie immer in der Gleichgültigkeit, der Annahme, wie es ist und der gleichzeitigen gedanklichen Ausrichtung auf das von Dir/Euch Gewollte. Das *Wie* ist gleichzeitig das *Wozu*! Nur deine Vision, Dir immer vor Augen haltend, gibt Dir die Kraft und daraus die Befähigung, die Jetzt-Schritte zu ermöglichen. Die Vision 2012, die gerade am Anfang steht, am Entstehen ist, sie trägt im erheblichen Maße zur Umwandlung bei. Die Bedeutung wird Dir erst deutlich, wenn Du mittendrin bist. So braucht es gerade jetzt dein vertrauensvolles Wirken, deine permanente Ausrichtung auf dies zu Erbringende."

<Könnt ihr mir/uns hier eure Hilfe geben?>

„Immer ist Dir/Euch unsere Hilfe im höchsten Maße sicher, sobald Du Dich vom *Wollen* befreist. Es darf Dir gleichgültig sein, völlig gleich, dann nimmst Du selbst jede Verhinderungsenergie deinerseits heraus. Sobald Dir dies gelingt, fließt bereits zu Dir gehörendes Geschehen und Erfahrungen, die zu Dir gehören. Es braucht dabei nur deine Einstellung:

Es ist mir alles gleich wertvoll. Kein Habenwollen ist zugleich die Freisetzung göttlicher Energie, die dann in dein erschaffenes *Feld der Harmonie, des Vakuums* **sofort** einfließt.

Dies ist das Geschenk für alle Wiederrückverbundenen, denn ihre innewohnende Seelen-kraft erschafft von selbst das zu erfahrende Lebensumfeld, welches dann zu 100 % dem eigenen, selbst entworfenen Lebensplan entspricht.

Ja, jetzt verstehst Du es! Die zu erfahrende Freude ergibt sich immer dann, wenn Seelenanteil und Seele wieder vereint sind und der Seelenanteil dem selbst auferlegten Lebensin-karnationsplan voller Vertrauen und in gelassener Gleichgültigkeit folgt. Das sind der Weg und das Ziel, dies ist Anfang und Ende in einem. So sei es!"

27.03.2011:   **Wundervolle Botschaft für Pantahar**

<Geliebte Seele Pantahar,
im Namen deines Seelenanteiles ... bitte ich Dich um Worte der Wahrheit für ihn.>

„Dann höre, was **Ich,** seine Seele, nun Dir für ihn übermittle. Keine einzige Sekunde seines Lebens ist ohne Führung von **Mir,** keine einzige! Alles bisher Geschehene, ja alles brauchte es, um in ihm, meinem Seelenanteil, all diese tiefen Gefühle der Hilflosigkeit, des Schmerzes, ja sogar der totalen Aufgabe zu erzeugen. Der Grund dafür ist ein wahrlich einfacher! Nur ein menschlicher Anteil, der alle Emotionen in sich gefühlt und erfahren hat, sie in Liebe zu sich selbst annimmt, nur dieser ist bereit und in der Lage, höchste Aufgaben zu bewältigen. Denn nur in solch einem Menschen ist dadurch tiefes Mitgefühl entstanden. Wie auch sonst? **Mitgefühl entsteht ausnahmslos durch das eigene Erfahren.** Jetzt versteht Ihr auch, warum bestimmte Menschen überhaupt kein Mitgefühl empfinden, weder für Mutter Erde noch für die Menschen. Dir, meinem Seelenanteil, der Du bist einer der ganz Großen, sage **Ich,** deine Seele Pantahar: *Stehe auf, nimm dein Bett (Selbstmitleid) und gehe!* Ja diese Worte sind Dir wohlbekannt, hast Du sie doch schon einmal gehört von **Ihm,** dem Heiland, den auch Du so tief liebst, ihm gefolgt bist, Ihr alle drei. Es ist alles in deinem Leben zum Besten, Du hast nichts verloren, sondern nur alles gegeben, um wieder frei zu sein. Nichts kann einen guten Menschen mehr behindern als Besitz. Höre auf meine Stimme in Dir, welche jetzt durch diese Worte wieder in Dir aktiviert wurde, alles in deinem Leben folgt einem tiefen Plan, **vertraue!** Du bist so sehr geführt und geleitet durch mich, deine Seele, und alles ist seelengewollt, alles. In Liebe, deine Seele Pantahar für Dich."

01.04.2011 Neuausrichtung ihres Bewusstseins

<EEM, gibt es Worte für 2012 für uns?>

„Ja! Es gibt nun, wie Du ja bereits fühlst, grundlegend Wesentliches zu besprechen, Dir und damit Ihnen allen zu übermitteln. Die Menschheit als Gesamtheit will ihre Bequemlichkeit so erst einmal beibehalten. Die notwendige Veränderung, welches in erster Linie eine Neuausrichtung ihres Bewusstseins bedeutet, wollen sie möglichst lange hinauszögern, solange es noch irgend geht. Dadurch entsteht so etwas wie ein Veränderungsdruck und genau diesen Druck gleicht Mutter Erde gerade aus. Da ja alles miteinander verbunden ist, alles einander beeinflusst, braucht es eure Beruhigungsenergie. Hier ist mehr, **mehr**! Deshalb braucht es jetzt dringend die Erreichung gar vieler Berufener weltweit."

Teil 4   Die 9 Kosmischen Gesetze

1. **Kosmisches Gesetz**:
   Ich bin Verursacher/-in aller meiner Lebenserfahrungen! Als Erstes übernehme ich sofort die Verantwortung über alle meine Lebensumstände. Diese habe ich verursacht bewusst oder unbewusst. Die Veränderung liegt ganz allein bei mir, ich habe die Macht, **alles** zu verändern.

2. **Kosmisches Gesetz**:
   Alles folgt meiner Aufmerksamkeit! Ich bestimme selbst durch meine gedachten Gedanken diese meine Aufmerksamkeit. Durch meine gedachten Gedanken habe ich die Möglichkeit, immer wieder meine Aufmerksamkeit auf das von mir Gewünschte zu lenken, neu auszurichten.

3. **Kosmisches Gesetz**:
   Alles ist Energie! Da alles aus ein und derselben Energie besteht, beeinflusst sich alles permanent. Dies ist der große Schlüssel, die Einheit.

4. **Kosmisches Gesetz**:
   Meine Aufmerksamkeit erzeugt Gedanken, diese Gedanken erzeugen Gefühle und diese Gefühle erzeugen magnetische Kräfte.

5. Kosmisches Gesetz:

Ich lenke durch meine Absicht, durch meine Entscheidung meine Aufmerksamkeit.

6. Kosmisches Gesetz:

Jede von mir gewünschte zu erfahrende Lebenserfahrung braucht ein bestimmtes Aufmerksamkeitspotenzial (AMP). Dieses AMP baue ich auf durch mein mich immer wieder im Denken und Fühlen Aufhalten bei diesem von mir Erfahren-Wollenden.

7. Kosmisches Gesetz:

Das Wollen und der Wille sind bedeutungslos. Nur das Wünschen aus ganzem Herzen hat die Kraft zur Verwirklichung.

8. Kosmisches Gesetz:

Du bist Liebe! Liebe ist reine Verursachungsenergie, sobald Du Dich auf Liebe konzentrierst, verbindest Du Dich wieder mit der Kraft in Dir.

9. Kosmisches Gesetz:

Alles folgt der Effektivität. Aus ihr ergibt sich Fülle, da immer Gedanke und Gefühl die sofortige Realisierung in Bewegung setzt. Somit besteht Effektivität in der Fähigkeit, dass in Bewegung Gesetzte sich selbst in Realität bringen zu lassen. Effektivität heißt somit auch, sei frei vom Zweifel und bleibe mit deiner Aufmerksamkeit bei dem von Dir Gewünschtem."

24.04.2011 Wundervolle Fragen

<EEM, wie kann ich endlich wieder Freude erleben? Was kannst Du mir gerade jetzt mitteilen?>

„Nur deine Konzentration auf das Dir Wichtige, von Dir wirklich Gewollte, kann dein Herz wieder mit Freude erfüllen. So bedenke und beachte dies stets, was ist mir wirklich von Bedeutung? Wo will ich sein und mit wem? Was bedeutet für mich Erfüllung? Wo zieht es mich hin und aus welchem Grund? Du findest die Freude nur in Dir, dort in der Annahme und der Erfüllung all dessen, was für Dich von Wert ist, Bedeutung hat. Dies jeweils zu finden und zu erkennen, braucht die Ehrlichkeit zu Dir selbst. Was sind deine wahren Dir glückgebenden Bedürfnisse und welche tust Du in der Hoffnung, sie würden Dich erfüllen? Nicht falsch oder richtig, sondern erfüllend oder Dich leer, evtl. sogar schlecht fühlend? Hier braucht es viel offene Klarheit, welche Dir selbst hilft, hier **deine** Wahrheit zu erkennen. Doch **Ich**, in Einheit mit deiner **Seele**, bin hier sehr am Wirken für Dich. So sei gelassen, dein Glück, dein Gutes findet Dich geführt durch mich. Nur das in Dir Gefühlte hat Bedeutung, nur dieses zählt! Denn deine für Dich gültige Wahrheit kann von Dir nur im Fühlen erkannt werden. Achte auf dieses Fühlen in Dir, wo fühlt dein Herz Dich hin? Wohin zieht es Dich? Jetzt liegt alles daran, dein Herz-Wollen zu erkennen, denn dies in dein Leben zu führen, geht leicht, weil dies ja bereits da ist. Vorbereitet durch **Uns**, deshalb frage Dich nochmals, **wo zieht es mich hin?**"

05.05.2011   Aufbrechen von Gefühlsketten

<So frage ich Dich, EEM, was ist da wieder los?>

„Dann, mein Freund, höre meine Worte. Es braucht die gemachte Erfahrung, die, wie gerade jetzt bei Dir, dazu verhilft, das ganze Gefühlsketten aufbrechen. Die von Dir gerade gefühlte, Dich belastende Emotionalität, sie ist das Ergebnis dieser gerade jetzt sich lösenden, auflösenden Gefühlspakete. Doch höre und wisse! **Du** sehe **nur** das große Ganze und gib sie alle frei! Lasse sie alle ihren Weg gehen. Du bist so sehr im Geben, dein Dich Einbringen ist so wirkungsvoll. Die Übersetzung ins Englische ist notwendig, lasse sie von ihr durchführen, sie wurde Dir zugeführt von **Uns**! Bitte vertraue **Uns**, vertraue **Mir**, **Ich** wache jede Sekunde über Dich. **Ich** lasse Dir stets wissende Gedanken und Gefühle zukommen. Beende diese deine Selbstzweifel, vor allem in Bezug auf ihn, der nur die alte Welt wahrnimmt, sie lebt. Für den Du Gefahr darstellst. Gehe mit Freude diesen deinen Weg, lasse sie alle ihren Weg gehen. Du bist ganz auf deinem Weg! Jede Abweichung von deinem Weg werde **Ich** Dir sofort anzeigen. **Ich** bin bei Dir, ganz nah und behüte Dich! In Liebe, Erzengel Michael für Dich."

10.05.2011   Vorfreude ist höchste Anziehungskraft

<Meine geliebte Seele von ganzem Herzen, in und aus ganzer Liebe bitte ich Dich, mir zu helfen! Wirke, wirke Gott Du, meine Seele, wirke in mir, wirke durch mich jetzt und allezeit, ich dein Seelenanteil und Seele, eins mit Dir.>

„Erlaube **Mir,** Dir dies für Euch alle zu sagen:

Da Du und **Ich** vollkommen eins sind und Du durch dein freiwilliges Sein, dein Leben in einem solch menschlichen Körper lebst, ist es dadurch **Mir,** der Seele, auch möglich, mein eigenes vollkommenes **Sein** noch zu erweitern. Somit ist selbst die **Vollkommenheit noch entwicklungsfähig.** Dies ist eine große Wahrheit und auch die einzige, die Euch das Göttliche verstehen lässt. Denn auch das vollkommen Göttliche, wie auch die Seele, die beide eins sind, haben die Möglichkeit, sich über die Vollkommenheit hinaus zu entwickeln. Nur so ist es möglich, die Vollkommenheit Gottes und die Welt der Materie mit all ihrem Leid zu verstehen. Dies ist für das Verstehen, das Erkennen des Göttlichen aus der Sicht der Welt der Materie so die einzige Chance, sich wieder mit dem Göttlichen und all dem *Geschehen* zu versöhnen. Da dies alles ja vom Göttlichen selbst erschaffen wurde, um es einer Weiter-entwicklung über die Vollkommenheit hinaus hinzuführen. Doch dies zu verstehen, braucht zuerst einen entwickelten Grad an Reife, an Spiritualität. Für viele ist es noch zu viel Wahrheit, doch für Dich ist es die Erfüllung der Sinnhaftigkeit. So lebe Du, der Du gerade diese Worte vernommen hast, deine Göttlichkeit. Denn dies ist Dir möglich, dein Reifegrad ist *wieder göttlich!*, da Du ja selbst diese Worte und damit diese Erkenntnis in dein Leben gezogen hast. Da ja nur das in dein Leben von Dir gezogen werden kann, was Du ja bereits bist, nach dem Gesetz: *Gleiches zieht Gleiches an*.

Verwundert Dich das? Doch dies ist nur logisch sinnvoll, es kann von Dir doch jeweils nur das angezogen werden, in der Welt der Materie, was Du bereits in deinem inneren Erkenntnisprozess bist, bereits erkannt hast. So führt Dich immer der gleiche Weg in die Fähigkeit, die Kraft der Anziehung. Durch dein ständiges Verweilen mit deinen Gedanken bei dem von Dir Gewünschtem, dem Erfahren-Wollenden, erschaffst Du einfach, weil Du Dich gedanklich (geistig) bereits dort aufhältst, dort bist, ein (dein) inneres Resonanzfeld. Dies Resonanzfeld, welches etwas mit Energie zu tun hat, ist ein Kraftfeld, welches nach dem Dir bekannten Prinzip des Magnetismus funktioniert. Und wie die Stärke eines Magneten bestimmt, wie viel und ob überhaupt etwas angezogen werden kann, bestimmen deine Gedanken, besser ihre Häufigkeit die Anziehungskraft. Ein Beispiel soll Dir dies verdeutlichen: Soll ein von Dir benutzter Magnet ein Metallstück von 100 g anziehen, so braucht es 101 g magnetischer Anziehungskraft. Bei einem 1.000-g-Metallstück braucht es natürlich 1.010 g Anziehungskraft. Dieses Mehr ist die zu überwindende Kraft der materiellen Trägheit, die ansteigt, je größer das anzuziehende Objekt ist. So braucht alles von Dir zu Erfahrende, sprich Angezogene, zuerst die notwendige Anziehungskraft. Diese wird von Dir aufgebaut und erzeugt durch die Kraft deiner Gedanken. Die wirkliche Kraft der magnetischen Anziehung wird natürlich erzeugt durch deine Gefühle. Vorfreude ist die Aufladungskraft, die Energie, welche deinen Resonanz-, deinen Anziehungs-magneten auflädt. Je größer deine Vorfreude und je häufiger dein Dich Darin-Aufhalten, umso schneller baut sich in Dir die benötigte Anziehungskraft auf. Das Anwachsen deiner Vorfreude zeigt Dir deutlich, dein immer mehr Aufladen deines Anziehungsmagneten und damit das immer mehr Näherrücken des für Dich in der Welt der Materie zu Erlebenden, der zu machenden Erfahrungen. Dies ist der Weg, der Dich in allem in die Erfahrung bringt, immer, bei allem! So kannst Du dadurch auch ganz leicht erkennen, was für Dich sinnvoll ist. All das, was Vorfreude in Dir erzeugt. Je größer diese ist, umso sinnvoller ist diese Erfahrung für Dich und umso schneller wird die zu realisierende Anziehungskraft aufgebaut. Doch bedenke, dass Großes von Dir zu Erfahrendes (1.000.000 kg) auch große Anziehungskraft, damit **viel** Vorfreude, viel Gefühl, häufiges denkendes Hineinbegeben braucht. Nun frage Dich, was, sobald Du daran denkst, erfüllt Dich mit Vorfreude? Dann weißt Du genau, was geradezu astronomisch schnell zu Dir in dein Leben gezogen werden kann! **Ja frage Dich dies jetzt**, mehr dazu in deinem Morgen! In Liebe, **Ich,** deine Seele, für Dich."

17.05.2011 **Quantenpunkt zur Selbsterschaffung**

„Dein Fühlen bestätigt es Dir sofort, sobald Du wie gerade jetzt deine Gedanken erfüllst mit dem von Dir Erfahren-Gewollten, kommst Du aus dieser gefühlten Disharmonie, Freudlosigkeit, der Leere wieder in ein Gefühl der Weite, der Freude, besser der Vorfreude. Und wie Du ja weißt, wird genau diese gebraucht, da sie ja die Anziehungsenergie darstellt und aufbaut. Durch die dann das Gewünschte in deinem Leben sich erfüllt, für Dich erfahrbar wird. Dies wird eine wesentliche Aufgabe für Dich sein, Dir selbst und allen anderen zu zeigen, wie ihr alles Gewünschte in euer Leben ziehen könnt. Genau durch diese exakte Aufzählung (Drehbuch), und damit ist es ja ein Leichtes, immer wieder in dies *Vorerleben* hinein-zugehen. Denn sobald einmal **klar ist,** was wirklich sinnvoll gewünscht wird, sobald dies klar und deutlich sogar schriftlich dokumentiert ist, geht doch das sich immer wieder Hineinbegeben einfach und durch dies wiederholte Lesen ganz leicht. In dem Moment, wo Du wieder bei dem von Dir Erwünschtem bist, fließt deine Lebensenergie, geleitet durch deine Aufmerksamkeit, in dein Gewünschtes. Je intensiver und je länger Du Dich in deiner Vorstellung, gepaart mit dieser gefühlten Vorfreude, befindest, umso mehr baut sich diese benötigte Anziehungskraft auf. Und genau in dem Moment, sobald die benötigte Anziehungskraft erreicht ist, wird das Gewünschte automatisch von Dir angezogen und für Dich in deinem Leben zu deiner Erfahrung. Wie Du gerade selbst fühlst, braucht es da gar nicht mehr dies beständige Vorstellen, es genügt dies ***gute Gefühl*** in Dir, dies Vorwissen, ja es kommt genauso, ist bereits auf dem Wege zu mir. Nun noch etwas sehr Wesentliches! Je häufiger Du Dich in diesen Zustand begibst, findet so etwas wie ein sich automatisches Einstellen statt, da die in Dir vorhandenen *Gefühls-Synapsen* dies wiedererkennen und sofort die dafür schon einmal gefühlten Gefühle, Gefühls-Endorphine ausschütten. Diese erzeugen sofort dieses Glücks-und Wohlempfinden in Dir. Dadurch entsteht auf bio-chemischer Ebene so etwas wie eine Kettenreaktion. Ist diese einmal in Gang gesetzt, verwirklicht sich das Erwünschte von selbst. Es braucht nur diesen Quantenpunkt, wird dieser überschritten, geht der Prozess des bewussten Erschaffens in die Selbst-Verwirklichung, die Selbst-Erschaffung. Das Ziel sollte somit für Dich sein, diesen Quantenpunkt zu erreichen. Sobald dieser erreicht ist, spürst Du dies sehr deutlich, denn Du fühlst diese Gewissheit, dass dies sich so ergibt. Es fehlen dann plötzlich diese Zweifel, auch Ängste, und dann ist da nur noch diese tiefe Gewissheit des So-

Sein. Es ist jetzt in dieser letzten Phase der Transformation so einfach für Euch, dies alles zu realisieren, denn der Verwandlungsprozess erzeugt eine ständige Beschleunigung. Auch deshalb trennt sich die *Spreu vom Weizen*, denn das Aufhalten eures Bewusstseins in Angst wird Angst-Lebenserfahrungen erschaffen. Das Aufhalten eures Bewusstseins in Vorfreude erschafft freudvolle Erfahrungen. Dies wird sogar so weit gehen, dass sich Angst-Denker und Freude-Denker an verschiedenen Orten sammeln. Dies ist der Grund der sich entzweienden Lebensgemeinschaften, Familien. Es wird sogar in eure Firmen, in ganze Staaten und Völker hineingehen. Dies wird bewirkt durch die sich immer mehr verstärkende Schwingungserhöhung in diesem System. Denn Angst wird zu immer mehr Angst und Vertrauen / Freude wird zu immer mehr Vertrauen und immer mehr Freude. Dies alles wird sich zu dem Euch bekannten Datum in enormer Weise verstärken. Dadurch wird es in eurer Welt wie zwei Lager geben, die der Angstvollen und die der sich ganz im Vertrauen Befindlichen."

28.05.2011 Bewusste Ausrichtung auf das Gewollte

<Gibt es Weisheit?>

„Die gibt es! Womit auch immer das Bewusstsein, das Denken eines Menschen beschäftigt ist, dies bestimmt die Qualität der zu machenden Erfahrungen, denn die Ausrichtung bestimmt die Anziehung. Die bisher vorhandenen Lebensumstände und die gemachten Lebenserfahrungen zeigen nur zu deutlich die vorher vorhandene Ausrichtung. Mit diesem Wissen ist euer

Leben so einfach, da es doch nur der absichtsvollen Ausrichtung bedarf. Ist diese auf das bewusst Gewollte ausgerichtet, zieht dies die dementsprechenden Erfahrungen automatisch an. Nur euer unbewusstes Ausrichten auf *Nicht-Gewolltes*, meist aus Angst oder Ärger, zieht Situationen an, die dem wirklich Gewolltem widersprechen. So wäre es sehr klug, auf zwei Dinge zu achten! Die bewusste Ausrichtung auf das Gewollte und die Achtsamkeit in Bezug auf deine Gedanken, wenn sie wieder einmal dabei sind, Dich in die Richtung *Angst vor, Wut über oder Verletzt sein durch* zu lenken. Aufgabe für Dich ist, dies zu erkennen, es so früh wie möglich zu unterbinden und Dich wieder bewusst und voller Absicht dem hinwenden, was von Dir gewünscht oder gewollt ist. Nun kannst Du erkennen, wie bedeutungsvoll es ist, dass Du ein bewusster Mensch bist, der sich stets seiner gedachten Gedanken und damit seiner Ausrichtung bewusst ist.

Was ist deine Bestimmung? Wisse, was Du Dir von Herzen wünschst und dann denke, fühle und handele so, dass dein Leben dem von Dir wirklich Gewünschtem entspricht. Sagen zu können: *Ich bin wunschlos glücklich*, hieße, das Gewünschte durch Selbstrealisation bereits erschaffen, angezogen zu haben. Dies ist dein göttliches Potenzial, vollkommen genutzt, denn dies heißt, die eigene Schöpferkraft erkannt und angewandt zu haben. Dies ist auch der wahre Grund für Alchemie, das Niedere zu verwandeln in Höheres, gleichwohl Sinnvolleres. **Doch dies vermag so nur der Eingeweihte zu verwirklichen, nicht der Wissende!** Beide unterscheiden sich dadurch, dass der Eingeweihte sein Wissen erfolgreich zum eigenen Wohle auch eingesetzt hat. Nun kannst Du selbst Dich erkennen, Dich einschätzen, wo

137

befindest Du Dich (eventuell noch) gerade? Wissend oder bereits eingeweiht? Die Dich umgebenden Lebensumstände sind selbst erschaffen.

Somit zeigen sie deinen Bewusstseinszustand, aber auch ob Du noch im unbewussten Erschaffen bist, durch dein Verweilen in Gedanken bei all dem, was Du Dir ja anders wünschst. Durch z. B. Gedanken der Wut, des Hasses, Angst oder Verletzt-sein-Gedanken, weil deine Lebensumstände anders sind, als von Dir gewollt. Hier braucht es deine ganze ehrliche Hinwendung, dein Hinschauen! Denn alles Dich Störende, Nicht-Gewollte ist jetzt gerade da in deinem Leben, weil **Du** ja selbst dies angezogen hast. Durch dein vorheriges Verweilen mit deinem Bewusstsein, deinem Denken bei dem von Dir *Nicht-Gewolltem*, dadurch von Dir angezogen und Dich nun störend. Verstehst und erkennst Du es jetzt, gerade das Dich Störende ist da in deinem Leben, weil Du selbst es Dir erlaubt hast, in Bewusstseinszustände des Ärgers, der Wut, des Verletzt-Seins Dich aufzuhalten. Und genau dieses sich Aufhalten in diesen Gedanken hat das **Energie-Anziehungs-Muster** erzeugt, welches daraufhin automatisch diese nun von Dir erfahrenen Lebensumstände erzeugt hat, besser sie zu Dir geführt hat. So frage Dich dies wieder und wieder! Was wünsche ich mir von ganzem Herzen? Und dann bringe dein Denken beständig in dieses gedankliche **Sein**. Dies ist der (dein) Weg in ein Leben voller Freude."

Teil 5 09.06.2011 Worte der Wahrheit für Dich

*<Meine Seele, in Einheit mit **Dir**, Erzengel Michael, ich bin bereit für die Wahrheit!>*

„Dann vernimm *die Worte der Wahrheit* für Dich und sie alle! Das sich zu erfüllende Geschehen in dieser eurer Welt der materiellen Erfahrungen, dies Geschehen bringt es nun auf den Punkt. Ihr werdet gerade jetzt in die Erfahrung all dessen gebracht, was noch nicht den Zustand *Reinheit* erlangt hat. Damit meinen **Wir** nicht diesen Begriff, wie Ihr ihn aus eurer christlichen Termologie nach eurem Verständnis heraus gebraucht, sondern die Reinheit, die **Wir** hier meinen, ist *mit Dir selbst ins Reine kommen*. Es ist dies die Aufgabe, alles in Dir *Unreine*, nicht mehr zu Dir Gehörende, loszulassen. Diese gerade von Dir erlebte Jetzt-Phase zeigt Dir auf und gibt Dir dadurch die Möglichkeit, durch dieses wissende Verstehen, dies alles *Alte* nun für Dich und für dein erfahrendes Erleben abzuschließen. Wie niemals zuvor strömt gerade jetzt Dir all das zu, bringt Dich in die deutliche Erfahrung, aus der Du dies für Dich *Alte*, sich *Erfüllte*, jetzt erkennen kannst. Es ist dies der, wie Ihr sagen würdet, *Frühjahrsputz*, doch in Wahrheit entspricht es einem *Lebens-Inkarnationsplan-Putz*.

Was braucht es nun von Dir?

Zuallererst dies Dir gerade vermittelte Wissen, damit Du diesen tiefen Sinn deiner Jetzt-Erfahrungen verstehst, sie Dir keine Angst machen oder das Gefühl vermitteln, jetzt geht das alles wieder von vorne los! Denn genau dieses Empfinden könntest Du haben, da scheinbar auch plötzlich diese *alten Themen*, die Du ja bereits geklärt hattest, wie durch ein

Wunder plötzlich wieder auftauchen. Doch dies zeigt Dir die Bedeutung der von Dir gerade erfahrenen Jetzt-Phase, der Transformation, der Höherverwandlung. So ist hierbei die Ruhe bewahren das wohl Wichtigste. Es genügt dann dies gelassene Anschauen, ja beobachten, was um Dich herum passiert und vor allem was, es mit Dir *macht*! Sei dein eigener wacher Beobachter, dies verändert alles, es verändert sogar diese deine Erfahrungen. Erinnere Dich wieder, wer Du bist, während Du diese Erfahrungen machst, erinnere Dich und rufe es Dir selbst in dein Bewusstsein, Du bist dies geistige Wesen, welches mit vollem Bewusstsein gewählt hat, hier zu sein. Du bist freiwillig aus deinem eigenen Wollen heraus hierhergekommen. Fühlst Du, wie es Dich bereits jetzt, da Du dies hier hörst, wahrnimmst, es liest, Dich verändert? Wie dein Selbstbild, deine Selbstwahrnehmung sich verändert? Ja dehne deine Wahrnehmung, wer Du bist, aus, weit hinaus über diesen Menschen, über dieses Erleben, dies Leben in einem materiellen Körper, denn das ist die Wahrheit. Du bist nicht dieser Körper, Du lebst in ihm! Du schaust, hörst, fühlst durch seine vorhandenen Wahrnehmungsorgane hinaus in diese scheinbare Welt, die Dich da umgibt. Doch die wahre Realität ist die, dass Du ja als geistiger Bewohner der geistigen Welt Dich dazu entschlossen hast, für eine gewisse *irdische* Zeit hierherzukommen, damit Du all diese ungewöhnlichen, für Dich wundervollen Erfahrungen erleben kannst. Nur dies perfekte Funktionieren dieser materiellen Welt, gemäß der ihr aufgestellten Gesetze, gibt Dir überhaupt diese Gelegenheit. Und *bei Gott* dies ist die vollkommenste, außergewöhnlichste Erfahrung, die Du je so in anderen Universen oder Erfahrungs- dimensionen erlebt hast. Sobald Du Dich wie gerade jetzt dieser in Dir ja vorhandenen Gewissheit wieder bewusst wirst, besser sie Dir wieder ins Bewusstsein rufst, verändert dies sofort die bisherige Wahrnehmung deines Selbst, deines Lebens. Noch etwas sehr Wesentliches, ja Grundbedeutendes sei Dir hier noch vermittelt (Du fühlst diese enorm hohe Schwingung, mit der **Wir** Dir diese Worte vermitteln). Je häufiger Du ab jetzt in deinem Leben, deinem Erleben in diese übergeordnete Sichtweise, die Wahrnehmung deines wahren Seins gehst, umso stärker und schneller wird Dich dies wieder *rück-verändern*. Dich wie in deine wahre geistige Heimat zurückkatapultieren, und solltest Du dies oft genug durchführen, dann wird Dich dies wieder dort belassen und dies, obwohl Du dann weiterhin in deinem materiellen Körper bist. Jetzt verstehst Du den wahren Sinn, die Aufgabe in dieser Transformation, dieser Höherverwandlung. Und noch während Du in diesem Körper der Materie Dich befindest, bist Du auch wieder in deinem geistigen Bewusstsein, in deinem *geistigen Körper*. Du lebst quasi damit gleichzeitig in zwei Welten. Das geistige Wesen, das Du in Wahrheit bist, ist nun in der Lage, sich des Grundes seines Hierseins wieder zu erinnern. Damit auch der Möglichkeit gemäß den hier speziell aufgestellten Regeln, besser Gesetzen, die zu machenden Erfahrungen selbst zu bestimmen. So ist dein Leben wie eine von Dir geplante Reise, bei der Du selbst die zu besichtigenden Orte, die Wahl der Fortbewegungsmittel, ja sogar mit wem Du die Reise unternimmst, von Dir selbst bestimmt wird. Fühle diese Selbstbestimmung, fühle die Kraft, die Macht, die sie Dir gibt. Diese brauchst Du für dein wahres Leben, für deinen *Lebenserfahrungsplan*. Solltest Du Dir jemals unsicher sein, was dies von Dir zu Erfüllende, dieser Lebenserfahrungsplan beinhaltet, halte inne in all deinem Tun und frage Dich wieder und immer wieder: ***Was will sich durch mich unbedingt ausdrücken, was wünsche ich mir wirklich von ganzem Herzen?*** Bereits allein diese Fragen Dir selbst und damit deinem Selbst zu stellen, legt in Dir den bereits vorhandenen Wissenskanal frei. Denn in Dir schon immer vorhanden, da bereits vor deiner Geburt dort angelegt, ist diese Inkarnationsdatenbank. Sie beinhaltet alle Informationen, alle Daten all deiner Leben und damit für Dich die Möglichkeit, jederzeit diese Daten abzurufen. Doch dazu braucht es natürlich erst einmal wieder dieses Wissen, dies von Dir sich erinnern, dass Du ja in Bezug auf Reinkarnation (Fleisch-werdung) ein *alter Hase* bist. Sobald Du wieder diese übergeordnete Lebenseinstellung einnimmst, indem Du Dir deiner vieler Leben wieder bewusst wirst, ziehst Du Dich sofort aus dieser *mein so wichtiges Jetzt-Leben* heraus. Damit bist Du in der Lage, dieses dein Jetzt-Leben, was ja nur eines von vielen ist und in Verbindung mit all deinen anderen Leben quasi eine Fortsetzung ist, aus einer völlig neuen Perspektive wahrzunehmen. Jetzt wird Dir meist erst auf Gefühlsbasis klar, dass all deine Leben einander bedingen, ja sogar extrem beeinflussen. Denn aus rein geistiger Sicht, eine Sichtweise, in der es keine Zeit gibt, wie Du sie gerade scheinbar wahrnimmst, finden all diese deine Leben gleichzeitig statt! Diese Sichtweise ist sogar in der Lage, all dein bisheriges Denken, dein Weltbild, die Wahrnehmung deines Selbst zu sprengen. Diese Sichtweise versetzt Dich nun vollends in die Lage, deine wahre Natur zu erfassen. Denn in Wahrheit bist Du ein multidimensionales Wesen, dessen Jetzt-Ausdruck wahrhaft in einem extrem engen Rahmen abläuft.

Mit all diesem Wissen, welches **Wir** Dir gerade Schritt für Schritt übermittelt haben, ist es **Uns** gelungen, die Wahrnehmung deiner selbst enorm zu erweitern. Doch dies braucht es, wenn Du auch nur annähernd deine Jetzt-Bestimmung erfüllen möchtest. Denn sie ist der einzige Grund, warum Du nochmal hier bist! So ist dies hier von **Uns** für Dich Praktizierte wahrhaftig ein *Erweiterungskurs*. Und so ist, wie Du selbst gerade erfährst, erst die Wahrnehmung, *wer Du wirklich bist*, die Grundvoraussetzung, diese deine Lebensaufgabe, deine Bestimmung zu erfüllen. Ohne dieses erkennen wer Du wirklich bist, fehlt der Erfüllung deiner Lebensaufgabe ganz einfach die notwendige Basis. Was es jetzt wieder braucht, ist dein Dich immer wieder selbst daran erinnern an all, das Dir hier gerade Vermittelte. Nur das einmalige Lesen lässt es Dich wieder wissen, dein es Dir immer wieder ins Bewusstsein bringen, z. B. durch dies wiederholte Lesen, bringt Dich ins gefühlte so Handeln und dies gibt Dir das Gefühl des So-Seins. Welches ist der Gewinn, der sich daraus für Dich ergibt? Machtvolles Erfüllen deiner Lebensbestimmung und damit des einzigen Grundes, warum Du überhaupt **noch** hier bist. *Wissen – Leben – So-Sein* heißt damit auch, diese Welt so sehr zu bereichern und dies wiederum macht Dich reich in allem.“

20.06.2011 Unterschiedliche Energielevel

<Am Wochenende war der 5. Seelen-Konvent in Wien, ich bin total müde, erschöpft. Braucht mein Wirken so viel Energie, dass ich jetzt nach dem Konvent so erschöpft bin? EEM, danke für deine aufklärenden Worte!>

„Dein Wirken findet auf höherstofflicher Ebene statt und die dortigen Energieverhältnisse sind für deinen materiellen Körper sehr anstrengend. Doch nur so ist diese enorme Veränderung aller Teilnehmer möglich, denn ihre Energiestruktur wird vollkommen verändert. Gleichwohl teilweise sehr **erheblich** angehoben. Dies ist so aber nur durch einen Katalysator möglich und dieser bist natürlich Du. Da zuerst immer alle höheren Energien durch Dich transformiert und erst dann an sie weitergeleitet werden, vollbringt dein Körpersystem schier Unmögliches. So nur durch deinen hohen Energiemodus machbar, deshalb war es gerade noch bei dieser kleineren Anzahl der Teilnehmenden (<*16 Teilnehmer*>) möglich, vor allem, da deren Energielevel sehr unterschiedlich war. Bei vielen sind der Ursprungslevel, wenn sie zu uns kommen (Beginn), und dem Level, mit dem sie **Uns** verlassen, (Ende) sehr verschieden. Doch sie alle haben danach einen solch hohen Energielevel, dass es ihnen danach leicht fällt, ja automatisch sich jetzt einstellt, dass sie beständig an die Energieerhöhung dieses Systems sich anpassen, angepasst werden. Nun fühlst Du, wie wertvoll, wie groß dein Wirken ist! Sie alle sind dann diejenigen, welche automatisch sich mit anpassen an die ständige Energieanhebung, und viel wichtiger, sie halten die erreichte Stufe mit oben! Damit wirken sie wie ein Sicherheitsriegel. Somit ist es Mutter Erde in Einheit mit **Uns** möglich, den Energielevel permanent anzuheben und zu halten. Gib diese Botschaft weiter, denn ein Wiederholen, ein Auffrischen lässt sie alle immer weiter ihr eigenes Level anheben und dies unterstützt das gesamte System in außerordentlichem Maße. Du, sie alle, ihr seid vereint die, welche die Veränderung dieses Systems gemeinsam gerade jetzt vorbereiten! Das alles Entscheidende ist das Energie- und Bewusstseinslevel aller. Denn der Aufstieg ist ein Anheben der Energie des gesamten Systems und aller Teilnehmenden, die sich innerhalb dieses Systems befinden. Da diese Anhebung eine automatische ist, verlangt euer Aufenthalt innerhalb dieses Systems von Euch die Anpassung, und dies ständig! Durch diese Wechselverbindung beeinflusst Euch das System, allerdings Ihr beeinflusst ebenso dieses System. Euer *Sich-anheben-Lassen* verhilft dem System, seine beständige Führungsrolle viel leichter zu erfüllen. Nun etwas sehr Wesentliches! Sobald Ihr als Teile dieses Systems euer eigenes Energielevel bis zu einem bestimmten Punkt angehoben habt, seid Ihr dann so etwas wie Träger dieses neuen Levels. Ihr gebt dem System die Möglichkeit, sich an Euch auszurichten, euer **Höheres Level** zu nutzen und sich daran hochzuziehen. Diese Wechselwirkung ist in Wahrheit die Voraussetzung, das gesamte System anzuheben, denn ohne euer so *Vorwirken* fehlte dem System die Grundlage, der Untergrund, um sich darauf anzuheben. Ihr fungiert ähnlich wie Stützträger, doch Ihr seid viel mehr, da Ihr so geschaffen seid, dass Ihr zum einen die *Stützgrundlage* und zum anderen die Fähigkeit habt, gemeinsam die Decke, die Basis immer weiter anzuheben. Stellt Euch dies wie die Fähigkeit eurer Wagenheber vor, sie sind Stütze und Anheber zugleich!"

24.06.2011 **Der Machtpunkt der Veränderung!**

<Danke für verstehende Worte! Danke! (tiefes Kribbeln der Bestätigung)>

„Ja, es ist nun an der Zeit, Dir und damit gar vielen mehr über die tiefe Sinnhaftigkeit eurer Erfahrungen zu geben. Gleichwohl Ihr Euch immer deutlicher und klarer bewusst seid, wer Ihr seid und warum Ihr hier seid, braucht euer menschlicher Verstand, da er so etwas wie eine Nachreagierzeit hat, die Zeit, das Wissen zu verarbeiten. Doch solange er dies alles verarbeitet, steht so gesehen vieles erst einmal still. Es ist, als ob gewartet wird, wie der Verstand auf dies alles reagiert. Annahme oder Ablehnung?! So ist es für Dich / Euch von allergrößter Hilfe, dies zu beschleunigen, indem Ihr dies nun ja wisst und Euch bewusst aus dem Selbstwollen heraus für dies Neue entscheidet, Ja dazu sagt! Denn diese bewusste Klarheit, dieses Ja hilft deinem Verstand, es schneller zu integrieren. Zu deinem Verstehen, es besteht ein großer Unterschied zwischen Dir, mit dem (durch den) **Wir** hier sprechen, Dir, der Du dies hier liest, und eurem Verstand. Gerade weil Du nicht dieser Verstand bist, besteht für Dich eine große Einflussmöglichkeit auf diesen! Sobald Du anfängst, Dich selbst zu beobachten, wirst Du erkennen, dass es Dir möglich ist, Dich zurückzuziehen und Dich, besser diesen automatisch denkenden Teil, der Du auch bist, zu beobachten. Jetzt geschieht etwas sehr Außergewöhnliches! Dies Beobachten zeigt Dir sehr deutlich, da gibt es wie ein automatisch ablaufendes Grunddenken, welches Du beobachten und Einfluss darauf nehmen kannst. Jetzt bist Du an einem sehr entscheidenden Punkt in deinem Leben angekommen, **dem Machtpunkt der Veränderung!** Solange Dir bisher diese mögliche Unterscheidung nicht bewusst war, lag dein zu erfahrendes Schicksal sehr in diesem **automatischen**, gleichwohl verursachenden Denken. Diese erkennende Unterscheidung gibt Dir diese deine Selbstmacht zurück, denn sobald Du einmal diesen Unterschied erkannt hast, kannst Du dies automatische Denken verändern, sehr großen Einfluss darauf nehmen!

Warum? Weil deine Einflussmöglichkeit völlig anders ist als vorher! Solange Du noch dachtest, Du und dies automatische Denken wäret eins, war dies automatische Denken so kraftvoll, sich selbsterhaltend wie ein reißender Fluss. Solange Du davon ausgegangen bist, Du wärst dieses *automatische Denken*, befandst Du Dich mitten in diesem reißenden *Gedankenfluss* und Du versuchtest noch, während Du Dich da mittendrin befandst, dein positives Denken dazu zu verwenden, um für Dich gewünschte Erfahrungen zu erzielen. D. h., Du wolltest den Kurs deines Bootes, welches sich mitten im reißenden Fluss befand, verändern. Jetzt verstehst Du dein schwieriges Unterfangen, dein Gegenlenken, dein immer wieder *Kurs neu bestimmen*, trotz dieser enorm schwierigen Umstände. Dein Gegenlenken musste ein ständiges sein, da ja der reißende *Gedankenfluss* Dich beständig in eine andere Richtung lenken wollte. Dies verändert sich jetzt gerade durch dies dein neues Verstehen vollkommen, denn nun wirkst Du direkt auf diesen reißenden Fluss ein. Noch siehst Du mit deiner inneren Wahrnehmung diesen reißenden Fluss. Doch jetzt **sofort** konzentrierst Du Dich auf einen stillen See! Sofort fühlst Du die Veränderung, welche in Dir jetzt sich ergibt, jetzt. Der Unterschied ist für Dich fühlbar wahrnehmbar. Reißender Gedankenfluss, Du fühlst Dich gehetzt, in Eile, in großer Ungeduld, als ob Dir alles entgleitet und Du keine Einflussmöglichkeit besitzt. Ruhiger See erzeugt sofort diese Ruhe, diese Klarheit in Dir, dies zu Atemkommen. Ohne dies

147

scheinbare Gehetzt-Sein hast Du plötzlich das Gefühl, Zeit zu haben, Luft zu holen, durchzuatmen und…?

Wenn Du Dich jetzt auf deine Herzenswünsche ausrichtest, erzeugt diese Wahrnehmung der Ruhe das Gefühl, dass diese deine Herzenswünsche bereits da sind, dort in diesem Gefühl der Ruhe. Der Grund liegt natürlich in deinem Dich-Fühlen, denn dies ist die Grundlage deiner von Dir zu erfahrenden Anziehungen. Es ist, als ob Du gleichzeitig hin und her hüpfen musst und dabei versuchst, dein Ziel ins Auge zu fassen, was äußerst schwierig ist. Zum anderen verleiht Dir diese tief gefühlte Ruhe, die Fähigkeit ruhig stehend, dein Ziel zu fixieren, Dich darauf zu konzentrieren. Immer dann, wenn Du wieder Dich in Dir auf dieses Bild des ruhenden Sees konzentrierst, wirst Du auch die sofortige Ruhe in deinem Fühlen und deinem Denken wahrnehmen. Diese Ruhephase erlaubt es Dir, Dich nun ganz leicht auf das von Dir Gewünschte auszurichten, zu konzentrieren. Dies ist dann die notwendige Basis, die es braucht, um Dich ganz den Bildern deines Wünschens hinzugeben."

27.06.2011 Sinnvolle Lebenserfahrungen

„Dann meine Worte nur für Dich! Bei allem gerade von Dir Erlebten, besser Gefühlten, ist vor allem eines von wirklicher Bedeutung, ja was? Inwieweit bist Du bei all diesem in deiner Mitte, damit frei von Angst, Unruhe, den Gedanken an *falsch handeln können*, Angst, Fehler zu machen, im Zweifeln oder unsicher sein und all die Attribute, welche deutlich zeigen, dass noch fehlendes Vertrauen in Dir ist. Denn all dieses angeführte Fühlen zeigt, da ist immer noch die Erwartung, es könnte irgendetwas ohne den Willen der eigenen Seele entschieden und damit erfahren werden. **Und dies ist unmöglich!** Vor allem, wenn wie bei Dir ja bereits die Vollmacht bei der Seele sich befindet. Jetzt geht Dir ja gerade diesbezüglich die Erkenntnis auf, wie tief wahr gerade dies ist. Dies heißt allerdings im Umkehrschluss auch, alle diese gefühlten Lebensumstände, ja genau, sie sind der Wille der eigenen Seele – **und zwar alle!** Da stellt sich natürlich jetzt die Frage, wieso tut dies deine Seele, warum bringt sie Dich in diese *unmöglichen Umstände*, ja warum nur? Dies ist eine so berechtigte, aber auch tief sinnvolle Frage. So höre mein **Sein,** die Wahrheit! Noch niemals wurde dies hier in solcher Klarheit und Deutlichkeit einem Menschen vermittelt! Für mich, deine Seele, gibt es nur eine Prämisse, dient dies für Dich gefühlte Erfahren deiner Bewusstheit? Gibt es hierbei für Dich die Möglichkeit, daraus etwas zu erkennen, Dich und dein Leben besser zu verstehen? Somit geschieht dies alles jeweils nur aus diesem einzigen Grund, Dir mehr Erkenntnis zu geben. Sobald Du dies nun bei all diesen deinen weiteren *unmöglichen Erfahrungen* berücksichtigst, wird dein Umgang mit diesen Lebenssituationen nun ein völlig anderer sein. Dadurch werden viele dieser vorher aufgeführten möglichen Gefühle der Vergangenheit angehören. Es wird Dir nun sogar möglich sein, daraus völlig andere Erkenntnisse herauszuziehen, da dein Erkennen frei ist von all diesen behindernden Emotionen. Alle gemachten Erfahrungen, ja alle, sind bereits im Vorfeld ausgewählt von der eigenen Seele. Immer unter der vorherigen Prüfung deiner Seele, ob diese Erfahrung für Dich sinnvoll ist und deinem Erkennen dient. So sind alle deine Lebensumstände, die gemachten wie die noch ausstehenden, alle tief sinnvoll! Dies gibt Dir die absolute Gewissheit, da ist bisher nur tief Sinnvolles zu mir geführt worden und da wird auch **weiterhin** nur tief Sinnvolles zu mir geführt werden. Diese Erkenntnis ist nun für Dich die große Gelegenheit, endlich alle Angst ein für alle Mal abzulegen. Denn alle weiteren Lebenssituationen und Erfahrungen sind vorgeprüft durch deine Seele, als tief sinnvoll erkannt und **nur** deshalb von Dir zum besten Zeitpunkt zu erfahren. Bereits jetzt fühlst Du, wie dieses Wissen deine Lebenseinstellung gravierend verändert. Jede Lebenserfahrung ist wohl gewählt und sinnvoll, weil direkt kommend von deiner Seele, dies bedeutet, da ist **alles** vorbereitet, immer. Diese Konsequenz verändert wahrhaft alles, sagt sie Dir doch so klar und so deutlich, **Ich,** deine **Seele,** wirke wohlwollend und sinnvoll in allem für Dich. Lehne Dich zurück, entspanne Dich im wissenden Verstehen, meine Seele wirkt in allem sinnvoll für mich. Dies ist Befreiung pur! Und nun erkenne, alle Seelenrückverbundenen erfahren genauso wie Du diese Führung durch die eigene Seele. **Nur sinnvolle Lebenserfahrungen allesamt!** Dies jetzt ist deine wahre Belohnung! Dein Wirken als Rückverbinder schafft tiefe Sinnhaftigkeit für sie alle. Je mehr es sind und natürlich erst recht jetzt noch werden, umso sinnhafter werden die Lebenserfahrungen der Menschheit."

Teil 6   3.07.2011   Der 2012-Prozess-Ablauf in 5 Stufen

<Geliebte Seele, EEM, mir ist heute während der Fahrt zum ersten Mal richtig bewusst geworden, es findet gerade ein Prozess statt. Ich selbst durchlebe gerade diesen 2012-Prozess als Vorbild für viele, um ihn dann selbsterfahren an sie alle, die folgen, weiterzugeben. So sage ich jetzt, ja, ich bin bereit, nun zuerst selbst diesen 2012-Prozess jetzt zu vollenden! So sei es. Und ich erfülle und vollende diesen Prozess in Einheit mit meiner Seele, meinem Schutzengel, Dir, Jeshua, und Euch, den Seelen aus Gott, jetzt. Gut, ich bin bereit! Lasst uns mit der Übermittlung des 2012-Prozesses beginnen!>

„Gut, dann erlaube **Uns,** Dir nun mitzuteilen, dass jetzt alle Voraussetzungen dafür erfüllt sind. Die Wesentlichste ist und war allerdings dein persönliches Erkennen, welches jetzt vorhanden ist. Zuallererst, ja es ist dies ein Prozess, der sich bewusst oder unbewusst für den einzelnen Teilnehmer vollbringt. Lass **Uns** vor allem auf die eingehen, welche diesen Prozess gerade bewusst annehmen, so wie Du, der dies gerade schreibt, und Du, der dies Geschriebene gerade liest oder hört.
Am Beginn dieses Prozesses steht immer zuerst ein Wesen, genannt Mensch, welcher nur diese seine menschliche Existenz, genannt Menschenrolle, wahrnimmt. Am Ende steht dieser Mensch, der wieder seine eigene Göttlichkeit, seine wahre Abstammung erkannt hat und diese lebt. Diesen Prozess zu erbringen und ihn zu vollenden, dies verlangt von jedem/r Prozessteilnehmer/-in alles, wahrhaft **Alles!**
Nun zum Prozessablauf:
Die **1. Stufe** ist immer die Selbstverleugnung, besser gesagt, das Sich-Hineinstürzen, Vertiefen in das eigene materielle

Leben. Das Ausrichten des eigenen Lebens auf Erfüllung finden, indem so etwas wie materielle Sicherheit, aber auch emotionale Sicherheit dort draußen in der *Welt der Materie* gesucht wird. Ein Arbeitgeber, ein Partner, ja sogar ein Kind soll die Basis sein, um daraus das Gefühl der Sicherheit zu erlangen. Je größer **diese** Erwartung in das Andere ist, umso stärker ist dann irgendwann einmal, z. B. bei Beendigung der Partnerschaft oder des Arbeitsverhältnisses, die Enttäuschung, da ja die Erfüllung der eigenen Erwartung ausblieb. Genau an dieser Stelle gibt es die Gelegenheit zur **Stufe 2**, der Erkenntnis, dass dies Gesuchte nicht dort draußen zu finden ist, sondern nur im eigenen Innern erlangt werden kann. Doch dies Erlangen ist oft nur unter Schmerzen und mit vielen Tränen möglich. An dieser Schwelle zur **2. Stufe** endet dieser Prozess oder er verstärkt sich!

Bei Ablehnung des Erkenntnisprozesses findet eine Nicht-akzeptanz des Erfahrenen statt und daraus so etwas wie eine Selbstverneinung, denn die Nichtöffnung zum eigenen **Sein**, der eigenen *Göttlichkeit*, führt zu einer Ablehnung der eigenen Macht. Daraus entsteht so etwas wie ein Gefühl der Machtlosigkeit. Eure gesamte Konsumwelt ist gerade auf dieses Gefühl der Machtlosigkeit aufgebaut. Nun wird die Welt zu einem *Feld der Unberechenbarkeit*, einem Ort des Leidens. Die Folgen dieser Einstellung sind natürlich genau die Erfahrungen all dieser inneren *Enttäuschung*. Dies lässt erst einmal diesen Prozess enden. Im anderen Fall ergibt sich ein tiefer Erkenntnisprozess, an deren Ende die klare Erkenntnis stattfindet: *Ja, ich bin der / die Verursacher/-in all meiner bisherigen und aller weiteren Lebenserfahrungen*. Dies führt nun zu **Stufe 3**. Aus der Erkenntnis heraus der

Selbstverursachung findet die Entscheidung statt, nun wirklich selbst alle Lebenserfahrungen zu gestalten. Die Wahrnehmung der eigenen Göttlichkeit, der göttlichen Abstammung ist nun geboren. Das eigene Erleben wird nun eindeutig und klar ausgerichtet auf selbstbestimmte und dann selbst herbei-geführte Lebenserfahrungen. Je besser dies gelingt, umso stärker wird die eigene Göttlichkeit wieder wahrgenommen. Dies selbst Vorgeben der zu machenden Lebenserfahrungen lässt automatisch **Stufe 4** sich ergeben. Aus der Erkenntnis des wahren eigenen **Seins**, der Göttlichkeit, erschafft nun der *göttliche Mensch* ein *wieder göttliches Leben*. Freude, Fülle, Wunder, ja sogar vollkommene Gesundheit sind nun die Folge davon. Je länger nun dieser Prozess andauert, ist die Erreichung der **Stufe 5** das Ziel, der zu erlangende Endzustand. Dies ist der *wiedergeborene Gottmensch*, doch diese Wiedergeburt ist natürlich eine rein Geistige, da ja immer diese eigene Göttlichkeit vorhanden war und nur vergessen werden musste, ja musste! Denn der Prozess und alle seine **5 Stufen** haben als Voraussetzung dies Vergessen."

04.07.2011 Bin ich An kana Te?

<Gibt es Worte von Euch, meiner Seele, Dir, EEM, Euch, den Seelen aus Gott, Dir, Jeshua?>

„Ja die gibt es! Zuallererst von **Uns,** den Seelen aus Gott! Auch wenn es für Dich scheinbar manches Mal wie ein *Spießrutenlauf* ist, braucht es gerade bei Dir all diese selbst gemachten Erfahrungen. Sie machen Dich, dein Wirken so authentisch, dies verbindet Dich so sehr mit ihnen allen! Ja, Du bist einer von ihnen und nur so ist deine Führungsaufgabe zu vollbringen. Dein immer ihnen ganz nah sein, ist ihr sich an Dir ein Vorbild-nehmen-Können. Zu den vielen Dir bereits Zugeführten, hier kannst und konntest Du immer nur alles sinnvoll richtig machen. Viele sind leider noch nicht bereit, ganz in ihre Wahrheit und damit in ihre Verantwortung zu gehen. Aber Du wirst viele von ihnen wiedersehen! Bei einigen war euer Zusammentreffen, sie so in ihre Wahrheit bringend, dass sie in der Lage sind, selbst ihren Weg zu gehen. Sehr, sehr viele, so gesehen die **meisten, sind An kana Te** und gerade ihr in die **Verantwortung kommen, sind von allergrößter Bedeutung!** Wir geben Dir hierfür Aktivierungsworte:

Der Wandel ist greifbar nahe, dein Dich Erkennen und die Deinen finden erschafft Lösungsenergie, so frage Dich:
Bin ich An kana Te? Bin ich Hüter/-in von Mutter Erde? Liegt mir das Wohl von Mutter Erde am Herzen? Liegt mir etwas am Wohl der Menschen? Will ich jetzt mich selbst finden, mich selbst erkennen? Wie finde ich Freude, Erfüllung, einen Sinn in meinem Leben? Wir, die geistige Welt, sagen Dir,

rufen es Dir hin, komme und unsere Wahrheit Dir gegeben befreit Dich, öffnet wieder dein SEIN.

Licht, Liebe und Wahrheit für Dich, deine Seele."

05.07.2011 **Teil des Prozesses**

<Habe soeben sehr ausführlich meine Herzenswünsche schriftlich festgehalten, die, welche sich schon verwirklicht haben oder gerade dabei sind, in mein Leben zu treten. Fühle tiefe Dankbarkeit und große Vorfreude. EEM, fühle, da gibt es Worte von Dir für mich?>

„All dies Dir gerade selbst Vorgegebene ist möglich, bereits da oder noch von Dir / Euch zu erfahren. Das Wie und Wann liegt auch in deinen Händen. Für Dich ist es nun von großer Bedeutung, erfülle Dich wieder und wieder mit diesen Visionen deines möglichen Lebens. Denn die aufzubauende Anziehungsenergie wird aufgebaut durch dein sich so fühlendes Vorstellen, dein Hineinbegeben! **Dies ist Teil des Prozesses!**"

06.07.2011 **Handeln im Selbstvertrauen**

<Bitte EEM, bringe Licht in dieses momentane Dunkel (sofort starkes Kribbeln), danke Dir!>

„Um Licht in dies momentane Dunkel zu bringen, dazu braucht es zuerst für Dich dein Verstehen-Können, wozu dies alles gerade so gehäuft zu Dir fließt. Deine verantwortliche Rolle, die Du ja freiwillig vor deiner Geburt, besser lange davor

155

angenommen hast, sie verlangt von Dir, Dich von aller Beeinflussung zu befreien. Führerschaft, die gegründet ist auf der eigenen Herzenswahrheit, braucht Handeln im Selbstvertrauen. Sie alle zwingen Dich gerade, komme in deine Selbstbestimmung. Ja frage Dich bei allem: **Wie wünsche ich es mir?"**

<Diese Worte waren so bestimmend, so kraftvoll übermittelt, doch jetzt wieder ganz weich und sanft. Es ist faszinierend, dies so deutlich fühlen zu dürfen! In direkter bewusster und fühlender Verbindung mit der geistigen Welt sein zu dürfen, ist ein so großes Geschenk! Ich wünsche Dir, der Du gerade in meiner Zukunft dies liest, denselben direkten Kontakt. >

„Wisse, die Welt richtet sich stets nach den großen, den charismatischen Führern. Du bist einer von ihnen, doch Du bist vereint mit **Uns**. Du bist tief verbunden mit deiner Seele und Du hast verstanden, weißt, was zu tun ist. Doch dies wissende Handeln braucht es jetzt von Dir! Nur Du allein, in Einheit mit **Uns**, kannst jetzt den zu fahrenden Kurs bestimmen. **Doch die Ausbildung des Bewusstseins und die Gefühlsannahme sind die Pfeiler der Transformation.** Richte dein Bewusstsein, dein Denken, ja dein ganzes Sein nun aus auf **Veränderung dieses Systems durch Hineinbringung der Wahrheit!** Wenn Du etwas bist, dann der Bringer, der Verkünder von universeller Wahrheit. Vergiss, was und wie es bisher war, denn jetzt ist alles anders. Jetzt ist das gesamte System offen, jetzt ist alles bereit, auch Du!"

<Was jetzt kommt, damit bist auch Du gemeint, der Du dies gerade liest!>

„Deine Annahme dessen, was und wer Du bist, erbringt die notwendige Veränderung! Befreie deinen Geist von angsterfüllten Gedanken, lasse alle Zweifel los. Wisse, da ist nur sinnvolles Geschehen, alles Gute und Sinnvolle ist bei Dir. Dies lässt Dich gerade jetzt unsere Liebe, unsere Verbundenheit mit Dir fühlen. Vertraue **Uns** und vertraue deiner Seele, Du kannst nur sinnvoll vorangehen. **Sinnloses** würde von **Uns** in Dir verhindert werden durch dein Dich tief abstoßendes Gefühl! Achte und höre auf dein Fühlen in Dir, hier leiten **Wir** Dich. **Du bist Jahrtausende lang *ausgebildet* für deine Jetzt-Aufgabe, Du kannst sie nur sinnvoll erfüllen!** Dies ist die vollkommene Wahrheit.“

<So lasse uns nun gemeinsam, Du in meiner Zukunft und ich in deiner Vergangenheit, in unser beider *Jetzt*, die geistige Welt um ihren Beistand bitten, wenn Du es auch möchtest.

Dann bitten wir Euch, die vereinten Erzengelkräfte, in Einheit mit Euch, den Seelen aus Gott und mit Dir, Jeshua ben Joseph, erfüllt uns jetzt vollkommen mit eurer Kraft und Wahrheit, jetzt! Helft uns, mutig unsere gefühlte Wahrheit zu leben. Danke Euch von Herzen in unser aller Namen.>

„So sei es und so ist es jetzt, dies versichere **Ich** Dir, Erzengel Michael.“

<Wow, da war etwas Einmaliges, bisher für mich noch nie so Erfahrenes. Als ich gerade diese unsere gemeinsame Bitte niederschreiben wollte, kam ich nur zu den ersten drei Worten. Dann erfasste mich eine solche Welle von Energie wie noch niemals zuvor in meinem Leben, das ging ca. eine Minute und war so heftig, dass es mich am ganzen Körper schüttelte. Es endete mit einem Weinkrampf, der zugleich tiefste Freude und Dankbarkeit war. Ich fühle so deutlich, dass dies auch Dir, mein Freund, meine Freundin, so ging, die Du gerade dies gelesen hast, denn wir waren gerade alle verbunden. So grüße ich Dich und sende Dir gerade jetzt meine Liebe und Verbundenheit. Jetzt fühle ich es, alles ist gut, da wir alle erwacht und verbunden sind. Ja wir sind die Veränderung, wir sind der Wandel, ja wir alle zusammen.>

09.07.2011…Denken erschafft energetische Verbindung

„Bei all dem von Dir gefühltem Erfahren ist es immer wieder von Bedeutung, frage Dich, woher kommt dies Fühlen jetzt? Weil ich selbst dies durch mein Denken erzeugt habe oder weil es mir von anderen Menschen zufließt? Sobald ein anderer Mensch an Dich denkt, ist immer auch eine fühlende Verbindung vorhanden, über diese fließt Dir dann Gefühlsenergie hin und diese erzeugt dann all dies Fühlen in Dir, ohne dass Du selbst vorher daran gedacht hast. Gerade jetzt verstärkt sich dies immer mehr, und Ihr Menschen beeinflusst Euch untereinander immer stärker. Somit wird die Bedeutung deines Denkens noch wichtiger. Denn es beeinflusst auch direkt all die Menschen, die Du durch dein Denken mit Dir verbindest. Auf dieser gedanklichen und gefühlsmäßigen Ebene ist stets alles miteinander verbunden und dies ist deine große Einflussmöglichkeit! Je mehr Du Dir diesem bewusst bist, es Dir bewusst werden lässt, umso stärker und häufiger nimmst Du Einfluss auf das Bewusstsein der Menschen. Hier ist große Wahrheit, denn deine Einflussmöglichkeit steigt mit deiner Energieanhebung und ohne dein direktes Handeln, nur durch dein Verweilen in bestimmten Bewusstseinsinhalten findet durch Dich Beeinflussung statt. Dies ist eine der größten Möglichkeiten für einen geistigen Lebensführer wie Dich, gerade jetzt diese Beeinflussungsmöglichkeit zu nutzen. Tust Du dies wieder und wieder im vollen Bewusstsein, dann erschafft dies die Voraussetzung für die Bewusstseins-veränderung. **Wir** hier können Dir dabei viel Unterstützung zukommen lassen! Bitte auch hier und es erfüllt sich."

<Wir können dies nun auch wieder gemeinsam tun.>

Wir bitten Euch, geistige Welt, helft uns, unser Bewusstsein, unser Denken immer wieder auf diese harmonische Beeinflussung vieler auszurichten. Danke für tiefe Freude, Liebe und Fülle. Danke für die Erfüllung mit göttlicher Energie im Namen unser aller Quelle, jetzt. Danke.

<Gibt es weitere Botschaften?>

„Natürlich ist die Bereitschaft, einfach vertrauensvoll all das in Dir Gefühlte zum Ausdruck zu bringen, das Wichtigste. Diesen Mut, denn oh ja Mut braucht es, wird es dann in der Umsetzung umwandeln in ein tiefes Gefühl des Geführtwerdens. Dieses Gefühl setzt solche Kräfte frei, die dann durch ein offenes Bewusstsein in die bereitgestellten

Kanäle zur Wunschverwirklichung einfließen können. Dies bewirkt dann eine enorme Beschleunigung in der Realisierung der materiellen Sichtbarwerdung der eigenen Herzenswünsche. So bedingt sich dies alles zutiefst und wieder einmal zeigt sich Dir hier so deutlich, dass Erfüllung und Vertrauen einander bedingen. Jetzt, da Du ja dies wieder so deutlich in deinem Bewusstsein trägst, heißt dies auch, lebe es jetzt! Habe immer den Mut in allem dem Gefühlten, von der eigenen Seele kommend, zu vertrauen, danach zu handeln und daraus die Erfüllung zu erfahren. **Alles ist gut, dem, der da im Vertrauen handelt, wissend, da ist nur sinnvoll Gutes.** Jetzt ist es vollbracht, jetzt fühlst Du die gewünschte Fülle. Nun bleibe einfach dabei, richte aus und erfülle dein Bewusstsein mit diesen Gedanken. Dein Dich gedankliches dort Aufhalten zieht all die Menschen in dein Leben, in deine Erfahrung! Die gedankliche Aufmerksamkeit erzeugt das benötigte Anziehungsfeld, welches sich ständig verstärkt, wenn Du dort mit deinen Gedanken, deiner Vorstellung verweilst. Nur Gedanken, die dem widersprechen, schwächen die energetische Aufladung. Ja erinnere Dich, schon mehrmals hast Du dies *Unmögliche* vollbracht, doch jetzt gelingt es Dir graziös! So sei es! In Liebe, **Wir,** die Seelen aus der Quelle, und EEM."

13.07.2011 **Handeln voller Vertrauen**

„Die Antwort ist für Dich so gesehen ganz einfach. Je mehr Dich etwas belastet, umso stärker ist hier für Dich die Wahrnehmung möglich. Hier wirken noch alte Muster und der gefühlte Druck verdeutlicht das vorhandene Lösungspotenzial. Die Lösung allerdings, also die Auflösung des Druckpotenzials, ist nur für Dich erfühlbar anhand der Situation. Hierbei geht es für Dich vor allem um deine Selbsttreue. Ja fühle in Dich hinein, wann genau löst sich der Druck, die Angst in Dir auf? Bei dem Handeln als ob, dem Handeln voller Vertrauen? Was würde dein Jetzt-Wünschen mehr unterstützen? Auf *Nummer sicher* gehen? Oder risikovolles Handeln im Vertrauen auf das Gelingen? Wenn Du Dir 100%ig sicher bist, dass es gelingt, was hält Dich dann noch davon ab zu handeln? Was ist dein wirkliches Risiko? Somit machst Du Dir viele Gedanken, hast Angst um etwas Nichtvorhandenes! Wie fühlt es sich für Dich an, wenn Du jetzt auf dein *Am liebsten würde ich jetzt …* hörst, alle deine **Vorsicht** über Bord wirfst und gemäß diesem deinem *Am-liebsten-Gefühl* handelst? Weißt Du, was es jetzt noch braucht? Jetzt, da Du völlig frei von Angst, früher Panik bist, bereit, Dich jeder Veränderung anzuvertrauen. Genau jetzt braucht es dein großes visionäres Denken, dein Dich Hinein-begeben und dort Verweilen im von Dir jetzt zu Manifestierendem. Dies dort gedankliche Verweilen und Vorstellen erzeugt Anziehungsenergie und da dein Schwingungslevel seit damals sich mehr als verdoppelt hat, ist deine Verwirklichungskraft nun solch eine machtvolle, dass die Verwirklichungsgeschwindigkeit für Dich verblüffend hoch ist. Die Technik ist dieselbe wie schon damals! Es Dir bildhaft und lebhaft vorstellen, Gefühle der Vorfreude erzeugen und dann Dich an der Sichtbarwerdung auf materieller Basis erfreuen. Die Bündelung deiner gedanklichen Kräfte erschafft gar alles. Sobald Du Dich wie gerade jetzt in deinem Denken und **Fühlen**, vor allem deinem Fühlen dort hineinbegibst, belebt dein Gefühl der Vorfreude, energetisch auf höchster Verwirklichungsebene, die Inhalte des von Dir Vorgestellten. Dies alles ist so tief sinnvoll, auch notwendig, dass jede Sekunde von Dir dort verbracht, für Dich gerade das Wertvollste und zugleich Wichtigste ist. Bist Du bereit, dies alles zu vollbringen, dann reicht dein *Ich bin bereit!*"

<Ja, ich bin bereit!>

„Dann vollbringe es jetzt. **Wir / Ich** sind / bin bei Dir. Dein Verbunden-Sein mit **Uns** ist Veränderung pur. Dies ist erst der Anfang und wie Du es fühlst, wird jetzt alles sehr schnell gehen. Vertraue und wisse, dies ist alles nun möglich! Du bist **in allem** geschützt durch **Mich / Uns.** Alles Dir Zugeführte kommt immer geleitet und geführt durch mich, deinen Schutzengel. Sei Dir selbst einfach treu und handele im Vertrauen in **Mich!** Lebe die Fülle in allem, denn sie ist Dein. Ja, alles in Dir Gefühlte, alles auch Erlebte, alles noch von Dir zu Erfahrende ist von **Uns, Mir,** deiner Seele in Einheit, mit **Mir,** deinem Schutzengel, Dir zugeführt. Alles, immer! Dies ist **so wichtig für Dich zu wissen, es ist die Grundlage für alles Weitere.** Zuallererst lebe und erfülle dein Herzenswünschen, dann bist Du Dir selbst treu. Und wenn es gerade jetzt etwas braucht, dann die Treue eines Jeden, einer Jeden zu sich selbst. In allem gibt es hier nur Handeln nach dem guten Gefühl oder gegen mit einem schlechten Gefühl. Unsere Führung ist überall dort, **wo es leicht geht, es fließt.** So achte auf dies leichte sich Ergeben und beachte stets das Stocken, Nicht-sich-leicht-Fügen, Ergeben. Und achte stets dein Gefühltes, dann bist Du stets auf der *sicheren Seite*! **Wir** umarmen Dich in Liebe, deine Seele und dein Schutzengel."

26.07.2011 Ge-lassen-heit und Loslassen

„Die Wahrheit ist, dass Du gerade Dich selbst wie gefangen hast, da deine Aufmerksamkeit und damit deine Gedanken stets bei dieser Angelegenheit sich aufhalten. Die Lösung für Dich wäre ganz einfach, lass los und sehe, was sich wie von selbst ergibt. Dein von Dir stimmig Gefühltes wird sich stets im Außen wie von selbst ergeben. Dies sei dein Maßstab, Du weißt, alles von Dir wirklich nötig zu Erfahrende ist ja bereits von deiner Seele vorgewählt und **Mir** zur Verwirklichung übergeben. So gibt dein Lassen doch **Mir** erst die Gelegenheit zur Vollbringung und damit zur Hinführung in dein Erlebnisfeld. Je größer deine Ge-**lassen**-heit, umso leichter, schneller und für Dich freudvoller gelingen jede dieser aller notwendig für Dich zu machenden Erfahrungen. Sage: EEM, ich vertraue Dir, wirke Du für mich! Dann lasse los, lasse das Notwendige sich ergeben! EEM für Dich."

30.07.2011 Sinnvolle Inkarnation

<EEM, ich fühle da stehen große Veränderungen weltweit an. Unser Wirken im Großen wird erst jetzt, im Schutze der Schwingungs-

erhöhung, möglich. So fühle ich ist es jetzt an der Zeit, mich einzuweihen in das Kommende? Ich bin bereit. (Energie pur!)>

„Dann Ausdruck meines Seins, höre mit deinem Seelenherzen. Sie, die Mächtigen, sind auch in ihrem Endzustand. Nur für sie bedeutet dies und sie wissen es, die Abgabe ihrer Macht und die gleichzeitige Übergabe dieser Macht an Euch. Ihr Wissen bezieht sich natürlich auf die Seelenebene, sind sie ja alle seelengeführt! So gibt es in ihnen, wie ja in allen inkarnierten Seelenanteilen, dies bewusste und unbewusste Wissen und damit immer die Frage, wem oder besser welcher inneren Stimme wird gefolgt? Der unbewussten, meist angstvollen oder der sanften, ruhigen mit Wahrheit erfüllten?
Nun wieder einmal etwas Grundlegendes, alles Bestimmendes! Diese innere Wahrnehmung kann jederzeit bei **allen** Menschen neu ausgerichtet werden. Jederzeit! Es braucht zu dieser Neuausrichtung lediglich ein auslösendes Ereignis! Bei dem unbewussten Menschen, der noch sehr dieser angstvollen Stimme folgt, braucht es fast immer ein äußeres Ereignis, eine Lebenssituation, die Ihr dann als Schicksalsschlag bezeichnet. Dieses selbst erlebte Ereignis, besser dies zu fühlende Ereignis löst dann zwangsläufig einen Erkenntnisprozess aus. Ohne diesen *Schlag* würde dieser unbewusste Zustand permanent weiterhin aufrechterhalten bleiben und die gelebte Inkarnation würde mehr und mehr ihren Sinn verlieren. Dieser *Schlag* ist das Geschenk der eigenen Seele von *unbewusst lebend und erfahrend* auf *bewusst wahrnehmend und selbstbestimmend handelnd* umzustellen. So sind diese *Wachrüttelaktionen* nur zu diesem einem Grunde von der Seele inszeniert, innerhalb der noch stattfindenden Inkarnation diesen Schalter

im Bewusstsein umzulegen von *unbewusst* auf *bewusst*. Wird dieser *Wachrüttlungsschlag* nicht zur Bewusstwerdung genutzt, bleibt es, wie bereits erklärt, bei Stufe 1 und gerade jetzt in dieser letzten Phase der Transformation heißt dies, die eigene Inkarnation verliert an **Sinnhaftigkeit!** Nun höre dies, inkarnierter Seelenanteil, der Du bist, höre es und lass Dich davon erwecken:

Der gerade ablaufende Transformationsprozess verlangt eine _sinnvolle Inkarnation_, denn aus diesem Grunde geschieht sie und es ist auch der Grund deines Hierseins!!!

Weißt Du, was dies vor allem für all jene, die in einem Land leben, in dem dieses gerade übermittelte Wissen für alle leicht zugänglich ist, bedeutet? Ja genau! Es ist gerade jetzt, ja jetzt die Verpflichtung zum Erwachen! Denn nur dieses Erwachen, die Bewusstwerdung, gibt der weiteren Inkarnation den notwendigen Sinn und die ***Erlaubnis auf Seelenebene*** zur Fortführung dieser Inkarnation. Gerade aus diesem Grunde sind all die Lebensumstände erschaffen. Da Krankheit die beste Voraussetzung zum *Inkarnationsabbruch* darstellt, braucht es diese Lebensumstände. Eine zu erfahrende Umwelt, die zu enormem Stress führt. Ein Gesundheitssystem, welches die Selbstverantwortung des Erkrankten völlig ignoriert. Ein Nahrungsmittelsystem, welches hauptsächlich Nahrung produziert, die so sehr von Giften und Schadstoffen erfüllt ist, dass es ein großes Maß an Bewusstheit braucht, um das eigene Schutzimmunsystem permanent in seiner Funktion als lebenserhaltend aufrechtzuerhalten. Der Zustand eurer Nahrungsmittel, des Wassers, eurer Luft und dergleichen mehr zeigt doch nur den *vergifteten Bewusstseinszustand*. Diese *giftigen* Lebensumstände braucht es, denn sie erschaffen die

Voraussetzungen für so viele Menschen, aufgrund dieses kranken und vergifteten Milieus mit hoher Wahrscheinlichkeit krank zu werden, sollte die Inkarnation trotz *Schicksalsschlags* ihren Sinn verlieren. Dieses Dir gerade vermittelte Wissen, diese Wahrheit zeigt eindeutig, dass es da nicht die Mächtigen gibt, die für alles die *Schuld* haben, sondern es zeigt auf, dass die von Euch gelebten und erlebten Lebensumstände, sogar kollektiv und weltweit, einen übergeordneten Sinn haben. Dieser Sinn wird erfüllt auf Seelenebene, somit sind alle diese Umstände vorgegeben auf dieser Seelenebene. Zur Umsetzung braucht es das notwendige Spielfeld und deren Spieler, aufgeteilt in zwei Mannschaften. Wie Du siehst, ist dies Dir übermittelte Bild von einem Team im schwarzen Dress und dem im weißen Dress hier eine sehr gelungene Darstellung des notwendigen Ablaufs. Somit verlangen gerade die vielen Unbewussten oder noch nicht vollkommen bewusst werdenden Wollenden diese sehr gravierenden Zustände. Wieder einmal verschiebt die Wahrheit die Sichtweise, da plötzlich alles einen tiefen Sinn bekommt. Wahrheit hat diese besondere Kraft, sobald sie übermittelt wird und das aufnehmende Bewusstsein für sie bereit ist, **geschieht Verstehen im sofortigen Augenblick**. Dies ist eine tiefe Wahrheit, dass sobald dies Wissen als eine Wahrheit Dich trifft, Dich erreicht, dies in einer Sekunde alles verändern, ja sogar es Dich vollkommen verändert. Damit sind Bewusstseinsentwicklung in Wahrheit immer wieder diese Erkenntnisse, die dann einen neuen Menschen daraus entstehen lassen."

04.08.2011 Punkt des Erwachens-Avatar-Status

„Die einzige Möglichkeit für einen Menschen, von dieser Stufe 1 zu Stufe 5 zu gelangen, sind diese selbst erschaffenen Gelegenheiten, bei denen die Wahrheit übermittelt wird. Diese Art der *reinen Wahrheit*, welche als einzige diese Kraft der Veränderung im Augenblick bewirkt. Je häufiger diese wahrheitsbringenden Augenblicke sich ergeben dürfen und je bewusster das Menschenwesen zu diesem Zeitpunkt ist, umso stärker, ja klarer ergibt sich diese *Neuordnung*. Dies hat so viel mit einer Neustrukturierung zu tun, denn diese findet wahrhaft bis in die atomare Struktur statt. So kraftvoll wirkend ist Wahrheit, vor allem, wenn sie aus reinem Herzen kommt. Du, mein Freund, vertraue auf die Reinheit deines Herzens! Der Überbringer von Wahrheit ist zuallererst durch die Fähigkeit der Aufnahme dieser Wahrheit bereits **rein**, sonst wären überhaupt keine Aufnahme und erst recht nicht die Weitervermittlung möglich. Dies auch Dir zu deiner Bestätigung deiner *Herzensreinheit*. Nun nochmals etwas sehr Wesentliches, etwas tief Bedeutendes, sobald ein Mensch in seinem persönlichen Entwicklungsstadium zu dieser Herzensreife gelangt, wächst er dadurch automatisch aus seinem EGO-Spiel heraus, und dies versetzt diesen Menschen in die Lage, ist gleichzeitig die zu erbringende Aufgabe. Nun Verantwortung zu übernehmen für diese Welt, diesen Planeten und seine Bevölkerung. Dieser Punkt in der Evolution eines jeden Menschen ist der *Punkt des Erwachens*, welcher Ziel aller Inkarnationen ist, denn nun lebt und wirkt nicht mehr allein der Mensch, sondern jetzt wirkt wieder in diesem Menschen sein Urgrund und damit sein Geburtsrecht, nämlich die eigene Göttlichkeit. Wird dieser Zustand erreicht, noch während sich dieser Mensch in seinem Inkarnationskörper aufhält, entsteht hier der Euch bekannte *Avatar*, der sich wieder selbstbewusste Gottmensch. Erreichen in derselben Zeitspanne viele Menschen diesen Status *Avatar*, hebt dies das gesamte System in diesen *Avatar-Status*. Und wieder geht Dir hier *ein Licht auf*, denn eine größere Anzahl erweckter Avatare ist gleichbedeutend mit der Voraussetzung eines möglichen Aufstiegs. Da ja viele Avatare durch ihr eigenes Gott-Bewusstsein nun selbst ein sie umgebendes Schwingungsfeld erzeugt haben, welches mindestens eurem Begriff der 5. Dimension entspricht, es aber in Wahrheit weit darüber hinausgeht. Denn ein Avatar lässt ein Licht-Tor entstehen, das alle Dimensionen unterhalb der 12. Dimension miteinander verbindet. Was braucht es dabei zuallererst? 1. Ein bereites Planetensystem! 2. Darin befindlich mindestens einen erwachten Avatar und 3. ein großes Feld von Avatar-Anwärtern. Alle diese drei Voraussetzungen sind an diesem heutigen Tag (4.8.2011) vollkommen erfüllt. Der 3. Punkt sind die weltweit dafür bereiten An kana Te, die Berufenen. Ca. 7 Millionen Avatare bedeuten einen Aufstiegssog, der alles mit transformiert. Wie wird ein Avatar-Anwärter selbst ein Avatar? Durch eigene Entwicklung und durch den persönlichen Kontakt mit einem Avatar. Deine eigene Erweckung geschah bereits vor 2.000 Jahren durch **ihn,** den *Christus-Avatar*. Somit liegt offensichtlich in deinen Händen, sie alle die Dir Zugeführten nun auch in diesen Zustand zu vollbringen. Du bist wahrhaft bereit, sie sind es, immer mehr von ihnen. Darum braucht es nun deine bewusste Absicht und auch die klare Entscheidung, gerade dies nun zu vollbringen!"

*<So sage ich, der Mensch Michael, auch **Ich,** der Avatar, nun dieses: Es ist jetzt mein tiefster Wunsch, meine tiefste Absicht, mein göttliches Sehnen, jetzt ziehe ich all die Avatar-Anwärter zusammen und gemeinsam vollbringen **Wir** zum Wohle aller ihre Avatar-Erweckung, jetzt ! So sei es. Dies ist mein tiefster Herzenswunsch. Da Du nun dies hier gerade gelesen hast, bist auch Du einer dieser Avatar-Anwärter. Jetzt bist auch Du erweckt! Fühle es, dehne dein Sein aus, erfühle wer Du wirklich bist!>*

Teil 7 08.08.2011 **Botschaften vom Seelenkonglomerat**

<Ich bitte um Zuführung von Wahrheit für dieses System, jetzt. Danke.>

„Dann wollen **Wir** eure Seelen aus Gott, auch Euch bekannt als das Seelenkonglomerat, Euch nun diese grundlegende, alles verändernde Wahrheit übermitteln. Das allem zugrunde liegende Wirken hängt zuallererst mit der Fähigkeit eines Jeden, einer Jeden zusammen, all dies Euch übermittelte Wissen, diese Wahrheit im eigenen Leben anzuwenden. Denn diese eine große Veränderung ergibt sich durch diese vielen kleinen Veränderungen, die ein Jeder, eine Jede von Euch, die Du in deinem Leben gerade jetzt vollbringst. Dein persönliches Vorangehen gerade in deinem alltäglichen Leben erbringt kollektiv durch die *vielen* diese notwendige, vorbereitende Veränderung. Es gibt für dieses spezielle System nur diesen einen Weg, da dieser *freie Wille* nur eine Veränderung zulässt, zulassen kann, die von innen, also aus dem System, besser von vielen einzelnen Systemteilnehmern kommt. Würde von unserer Seite, der geistigen Welt, eingegriffen werden, würde dies sofort die Grundlage dieses Systems und damit all der gemachten Erfahrungen aufheben. Verstehe, dies würde gerade jetzt am Ende dieses Bewusstseinsprozesses die erreichte Qualität vollkommen aufheben. Dies war Dir vor deiner Inkarnation so sehr bewusst und gerade dies war ja dein nochmaliger Inkarnationsgrund. Denn Du als An kana Te, als Hüter/-in von ihr, Mutter Erde, ja gerade Du, der Du jetzt diese Worte liest, wusstest, dass nur **dein** Anwesend-Sein und in euer aller großen Anzahl zusammen, diese notwendige, gleichwohl abschließende Veränderung erbringen kann. Alles ist bereit, vorbereitet seit unendlicher Zeit, es braucht nur noch Dich, dein Aufwachen, dein Dich Erinnern und dein Dich Zusammenfinden mit ihnen allen, damit eure Bewusstseinsenergien in Einheit verbunden werden können. Sobald Ihr dies vollbringt, wird die Systemhüterin ihr Aufstiegs-Okay aussprechen und dann findet der sanfte Aufstieg dieses gesamten Systems, inklusive aller System-teilnehmer, statt. So kommen **Wir** wieder zurück zu Dir, An kana Te. Dass gerade Du jetzt diese Worte aufnimmst, ist für Dich die Bestätigung, ja, Du bist ein Hüter, Du bist eine Hüterin von ihr, der Systemhüterin, und damit verantwortlich für all das noch sich zu Ereignende! Ja, jetzt heißt es für Dich, entscheide Dich für ein Leben in Lethargie, beim so Belassen dessen, was Dich umgibt, oder dem alles verändernden Aufbruch in dein neues **Sein**, dein neues Leben, gelebt in voller Mitverantwortung. **Wir** sagen Dir in aller Liebe, entscheide wohl, denn das Schicksal aller liegt damit auch bei Dir! **Wir** bitten Dich nun aus unserer göttlichen All-Liebe heraus, Dir nun folgende tiefe Wahrheit und damit die Konsequenz deiner Entscheidung deutlich vor Augen führen zu dürfen?! Auch hierbei müssen **Wir** deinen freien Willen beachten, somit liegt es an Dir, ob Du hier weiter liest oder nicht. Diese Entscheidung zum Ja, dein Weiterlesen wird Dich, dein weiteres Leben vollkommen verändern. Ja, es wird dann nichts mehr so wie vorher sein, denn diese Wahrheit wird Dich auf molekularer Ebene aktivieren. Solltest Du es beim *nur lesen* belassen, ohne dann dein konkretes Handeln folgen zu lassen, wird diese *Weigerung, deine selbst gegebene Aufgabe nun zu erfüllen* automatisch die Selbstauslösung deines *Dich selbst ins Handeln bringen müssen* auslösen. Somit überprüfe Dich wirklich und lese nicht aus reiner Neugierde weiter. Bitte verstehe, es ist unsere Verpflichtung der Wahrheit und Dir gegenüber, dass **Wir** Dir dies alles so deutlich aufzeigen. Denn Du befindest Dich, genauso wie Du, durch den **Wir** gerade diese Worte übermitteln, an einem Wendepunkt in deinem Leben. Alles wird, kann sich jetzt vollkommen wandeln!"

<Gerne können wir wieder gemeinsam diese Beabsichtigung aussprechen: *Ich bin bereit alles zu geben, zu tun, was es jetzt für den Bewusstseinswandel, den harmonischen Aufstieg von Mutter Erde und der gesamten Menschheit braucht. Ja, ich bin bereit!*>

„Da Ihr beide, da Du Dich jetzt geöffnet hast, sagen **Wir** Aktivierungsenergie, jetzt! Höre die Worte der Wahrheit und wisse, was als mögliches Geschehen sich ergeben kann, wird. Grob vereinfacht ergibt dies alles zwei mögliche Haupt-szenarien, ganz bewusst verwenden **Wir** dies Wort *Szenarium*, denn was da an möglichen Geschehen auf Euch alle zukommt, ist ein inszeniertes Schicksalsstück, von Euch und für Euch gestaltet. Dies **1. mögliche Szenarium** stellt sich in etwa wie folgt dar:

Ihr, die An kana Te, die Hüter-Energien, erbringt in Einheit mit den Cetacaen (den Walen und Delfinen) die notwendigen Energieanhebungen, die kollektive Bewusstseinsvorbereitung, dann wird dieser Kulminationspunkt, der 21.12.2012, in eurer Zeitrechnung vorübergehen, als wäre scheinbar nichts geschehen. Und doch werdet Ihr quasi am nächsten Tag plötzlich in zwei Welten leben, in der dann bereits 4. Dimension, die sich für viele wie die 3-D anfühlt und gleichzeitig in der 5-D, was so erst einmal nur für eher wenige so wahrnehmbar wird. Doch nur für Euch, die ihr dann diese 5-D wahrnehmt, wird dies eure Belohnung sein. Denn die 5-D wahrzunehmen und in ihr zu leben, erbringt Euch Sofortmanifestationen. Ja, eure kühnsten Träume realisieren sich direkt vor euren Augen. Natürlich werdet Ihr wissen, was und wie es sich ergibt. Für die Unwissenden bleibt da nur noch fassungsloses Staunen. Das Wundervolle wird sein, dass eure materiellen (noch) Körper sich quasi verjüngen und damit automatisch in den Zustand vollkommener Gesundheit übergehen. Dadurch werden erst einmal scheinbar zwei Menschheiten das Antlitz von Mutter Erde bevölkern, die Unbewussten noch aufgrund ihrer Glaubenssätze im Alten verharrenden Materiemenschen, und ihr, die sich wieder ihres vollen Potenzials bewussten göttlichen Menschen. Es wird dann nach eurer Jetzt-Zeitrechnung ca. 20 Jahre (2032) dauern, dass der Großteil dieser Materiemenschen sich durch euer Vorbild in auch göttliche Menschen verwandelt. Was dies alles für eure Umwelt, eure Lebensumstände bedeutet, da lasst Euch überraschen. Doch so viel sei gesagt, Ihr werdet vor allem euer

Energie- und Nahrungssystem einer völligen, gleichwohl harmonischen Wandlung unterziehen. Alles in allem wird Euch dies als das *Paradies* vorkommen. Der Kontakt zu **Uns**, der Euch umgebenden geistigen Welt, wird zur Normalität. Das gerade sich stark entwickelnde Channeling wird allgemeine *Landessprache*! Alle Führungspositionen werden automatisch von An kana Te eingenommen, was natürlich eine vollkommene Veränderung in **allem** erbringt. Dies in groben Zügen ist das mögliche Szenarium bei erwachten, aktiven Hüter/-innen.

Das mögliche **2. Szenarium** sieht dagegen etwas anders aus! Sollten die vorhandenen Hüter/-innen, entgegen ihres erbrachten Versprechens für sich selbst und der Quelle gegeben, in ihrem *Schlafzustand* verbleiben, welcher auch ein *Nicht-wahrhaben-Wollen* all dessen, was über die innere Stimme, über das Gefühl so deutlich bestätigt wird. Dann fehlt diese aufbauende, alles neutralisierende Bewusstseinsenergie, denn der harmonische Aufstieg braucht ja gerade all die vielen einzelnen, erkannten *Aha-Erlebnisse*, die ja das Menschenwesen wieder Stufe für Stufe zum göttlichen Wesen hingeführt haben. Gerade dieses Selbsterkennen, das Wiederfinden der eigenen Göttlichkeit so **Vieler** erbringt die so notwendig gebrauchte Bewusstseinsenergie. Da allerdings von vornherein die Möglichkeit in Betracht gezogen wurde, dass gerade dann, sobald die Zeit reif ist, viele der inkarnierten Hüter/-innen noch sehr stark mit ihrem Lebenskampf beschäftigt sein könnten, was ja notwendiges Aufstiegs-potenzial so als Umfeld braucht, viele sogar großen Zweifeln unterliegen würden. Gerade dann, wenn das Tor 11:11 und dann das Tor 12:12 (achte An kana Te auf diese Daten

11.11.2011 und 21.12.2012, denn hier ist die 3-fache 11 und dann die 3-fache 12, dies ist tiefe Weisheit, denn 12 = Kosmisches Bewusstsein) sich nacheinander öffnen. Betrifft ja im wahrsten Sinne des Wortes, trifft es die An kana Te, die Hüter/-innen auf Erden, denn gerade sie fühlen diese tiefe Heimatenergie. Doch wie mit diesen *neuen, alten* Gefühlen in ihnen umgehen? Ja, dies kann sehr verschieden sein. Es zeigt sich als vollkommenes Öffnen oder als sich dem allem sehr stark Verschließen. Da beides Verhalten gerade zu dem Zeitpunkt, wo es darauf ankommt, *da zu sein*, möglich ist, wurde eine Art von Sicherheit eingebaut. Und diese Wahrheit wird nun zum ersten Mal so übermittelt, denn sie darf erst jetzt ausgesprochen werden. Nur ca. 25 % der gerade inkarnierten Hüter/-innen sind nötig! Wie Dir bereits bekannt ist, sind über 7 Millionen An kana Te weltweit verteilt inkarniert und doch ist es von großem Sinn, sie alle zu erreichen, denn alles **mehr** macht **alles** wesentlich leichter für **alle**. Würde allerdings nicht einmal diese *Mindestanzahl* erreicht, dann müsste sich in etwa folgendes Szenarium abspielen:

Die fehlende Bewusstseinsenergie der anwesenden Hüter/-innen müsste durch sie, die Systemhüterin Mutter Erde, ausgeglichen werden und dafür steht ihr nur ein Weg, eine Handlungsmöglichkeit offen. Wie Du siehst, braucht Erkenntnis dann immer Handeln aus oder gemäß dieser Erkenntnis. Das quasi fehlende Aufstiegspotenzial, zur Verfügung gestellt durch die geleistete, ins Handeln gebrachte Bewusstseinsarbeit der Hüter/-innen, wird dann ausgeglichen durch Energieverarbeitung, niedere Materie-Energie wird umgewandelt zu hoher spiritueller Bewusstseinsenergie. Dies kann von ihr, der System-Hüterin, nur durch für Euch alle

174

erfahrbare *Naturkatastrophen*, welche ja in Wahrheit nichts anderes als Umwandlung von nieder schwingender Materie-Energie, die umgewandelt wird in hohe spirituelle Bewusstseinsenergie, stattfinden. Beide Szenarien sind für Mutter Erde gleich wertvoll, denn für sie heißt das Ziel *Aufstieg* und damit gleichwohl Heimkehr. Natürlich ist dies für die Menschheit und auch für Euch, die Hüter/-innen, eine sehr unterschiedliche Erfahrungsmöglichkeit, bei der Ihr sicher lieber Szenarium 1 wählen möchtet. So sei Euch / Dir dies nochmals in aller Deutlichkeit gesagt, das *Wie* liegt vor allem in euren / deinen Händen, das *Ob* ist längst beschlossene Sache. Fühle nun Du selbst in Dir, was ist dein *es Dir wünschen*, welchen Ablauf des gesamten Geschehens wünscht Du Dir? Und erinnere Dich, was allein es braucht?

Nur dein Erwachen, dein Dich Wieder-Erkennen, dein Dich-finden-Lassen und daraus sich von selbst ergebend, alle zu Dir gehörenden Erfahrungen. Was es dabei von Dir braucht, ist nur dein Mut, Dir selbst und dem in Dir Gefühlten zu vertrauen. Sei vor allem frei davon, was könnten andere über Dich denken! Denn nicht ihr Denken über Dich wird dein Leben bestimmen, sondern einzig und allein dein Denken über Dich selbst. Wer Du bist und wozu Du hier bist, wird gerade jetzt die Basis deines Lebens und damit vor allem all deiner Lebenserfahrungen bestimmen. In Wahrheit ist gerade jetzt alles so einfach, dem in Dir schon immer Gefühltem gerade jetzt höchste Aufmerksamkeit zu schenken, heißt doch dann immer zu wissen, was jeweils als Nächstes ansteht und zu wissen, was jeweils als Nächstes ansteht, heißt von Augenblick zu Augenblick, Lebensschritt für Lebensschritt voranzu-

schreiten. Wohin? Zu deiner persönlichen Erfüllung in allem!
Nun noch etwas sehr Wesentliches:
Sollte bis zum Kollisionspunkt zu wenig Bewusstseinsenergie
vorhanden, aufgebaut sein und damit das Schwingungslevel
zu niedrig sein, ist mit hoher Wahrscheinlichkeit ein Bewusst-
seinssprung nötig. Dies würde sich für Euch alle wie eine Fahrt
auf einer Achterbahn anfühlen. Die Euch teilweise bekannten
Evakuierungen rücken dann wieder in greifbare, weil nötige
Reichweite. Schon lange ist für die gesamte Menschheit eine
Evakuierungstruppe anwesend, da zu Beginn des Prozesses
zuerst viel mehr davon ausgegangen werden musste, dass
diese benötigt würde. Es würde allerdings mehr als ein ganzes
Buch brauchen, dies alles Euch so zu vermitteln, dass es von
allen wirklich ausreichend verstanden werden könnte. So
reicht es, wenn **Wir** Euch hier sagen, euer Anwesend-Sein, die
dadurch stattgefundene Bewusstseins-Level-Erhöhung, hat zur
Folge gehabt, dass gar vieles, von all dem Euch speziell in den
80ern und 90ern berichteten, sich völlig gewandelt, ja sogar
aufgelöst hat. Der freie Wille der Menschheit hat selbst **Uns,**
euren Seelen, immer nur *mögliche zukünftige Szenarien*
sehen lassen. Tatsächlich ergab und ergibt sich das wirkliche
Geschehen oft erst im letzten Augenblick. Somit sind **Uns**
Vorhersagen, je näher es an diesen Kulminationspunkt geht,
immer offener Euch mitzuteilen, weil der tatsächliche Ausgang
quasi bis zum Schluss in euren Händen liegt. Trotzdem werden
Wir Euch immer bestmöglich all die Informationen, das Wissen
und damit die Wahrheit übermitteln, damit eine Jede, ein Jeder
die für Euch notwendigen und sinnvollen Entscheidungen
treffen könnt. Und dass sich daraus all das sinnvolle Handeln
ergibt, welches gerade jetzt die Veränderung bringt."

11.08.2011 **Tor 11:11**

<Liege hier auf den Malediven auf meiner Liege. Während ich diese Fülle von Pflanzen betrachte und dabei denke, die Natur erschafft in allem Fülle, all das, was sie braucht, erschafft sie einfach, indem sie es wachsen lässt. Es ist alles da! Wird etwas gebraucht, gut, dann wird es sich selbst wachsen lassen. Das ist Manifestation pur! Als mein Blick auf die untersten Mangrovenwurzeln fällt, sehe ich dort ganz unten ca. einen halben Meter über dem Boden neue Triebe, Blätter. Als ich nach oben schaue, bewegen sich in ca. drei Metern Höhe die obersten Äste und Blätter. Jetzt erkenne ich, alles hat seinen zugewiesenen Platz. Die unteren Blätter werden nie die Sonne zu *Gesicht* bekommen, trotzdem haben sie hier unter ihren Platz. Kein Blatt, keine Pflanze ist besser, hat einen höheren Stand, sondern alle haben **ihren** (2 x niesen) Platz, und damit **ihre** Aufgabe. Die oberste Pflanze verarbeitet das Sonnenlicht für den ganzen Baum, die untere Pflanze spendet Schatten. Alles hat seinen Sinn, dementsprechend seinen Platz und damit automatisch seine Aufgabe.>

„Einen Punkt gibt es bei all diesem bisher Euch vermittelten Wissen zu beachten. Immer braucht es die jeweilige Offenheit des hier anwesenden **An kana Te**. Dies alles ist tiefste Wahrheit, sich sinnvoll ergänzend und dadurch der Schlüssel für die bereits vorhandene innere Weisheit. Doch ob dieser Schlüssel jeweils in das dafür vorgesehene Schließfach eingefügt werden kann, bestimmt das Menschenwesen. **Wir** gebrauchen hier ganz bewusst dies Wort *Schließfach*, denn für einen Jeden, eine Jede von Euch braucht es für die Erfüllung dieser Lebensaufgabe ganz spezielles Wissen, besser ***Wahrheitspakete***. Diese sind abgelegt, gemäß ihrer

Zugehörigkeit, in dafür speziell vorgesehenen *energetischen Schließfächer*. Somit werden immer zu den jeweils *passenden Zeiten* eins oder mehrere dieser energetischen Wissen-bzw. Wahrheitsschließfächern geöffnet. **Wir** stellen die Schlüssel zur Verfügung, Du, An kana Te, die jeweilige Offenheit, welche durch deine vorherige Bereitschaft sich automatisch ergibt. Sobald diese innere Offenheit, meist durch ein äußeres Erleben, blockiert wird, z. B. Angst, Disharmonie, braucht es von unserer Seite eine Öffnungsenergie. Jetzt wird Dir gleich wieder ein *Licht aufgehen*. Bei Dir, geliebter An kana Te, Hüter/-in dieses Planetenwesens Gaia, gibt es dazu ein einfaches Mittel, welches Du selbst an **Uns**, vor dieser Inkarnation als notwendig hilfreich, in Auftrag gegeben hast!

Die Öffnung durch *schicksalshafte Veränderungsenergie*, sie **bricht** ganz bewusst diese Blockade in Dir, deinem Bewusstsein, auf. Somit sind alle deine gerade *schweren, Dich erdrückenden Lebensumstände* nichts anderes als die von Dir vor deiner Geburt mit **Uns** vereinbarten Lösungsenergien. Dies verleiht Dir selbst eine völlige neue Sichtweise in Bezug auf **alle** deine ˙negativen Lebensumstände*, und gleichzeitig die Lösung. Du weißt jetzt wieder um den tiefen Sinn der von Dir gerade gemachten *schweren* Lebenserfahrung, doch der Sinn dahinter liegt an dieser Lösungsenergie. Sie hat die Kraft, Dich wieder in die Lösung, die Bewegung zu bringen. Denn immer liegt der Grund deiner inneren Blockade an deiner inneren Weigerung, weiterzugehen, damit automatisch im Fluss zu bleiben. Betrachtest Du deine gerade vorhandenen Lebenssituationen in diesem neuen Lichte, zeigt sich Dir ganz klar ein neues Bild, welches Du bisher natürlich so nicht wahrnehmen konntest. Worin liegt dann als Nächstes die Lösung für Dich?

Sehr einfach! Frage Dich zuallererst, was will mir diese Lebenssituation zeigen? Wozu habe ich sie in mein Leben gezogen? Wo beharre ich auf Altem, meist aus dem Grund, mir Sicherheit zu geben? In welcher Richtung würde für mich **Neues** möglich sein? Beachte! Der Sinn dieser deiner Inkarnation ist nicht die permanente Wiederholung von Erfahrung, sondern gerade jetzt am Ende des Transformationszyklus heißt es für Dich, **habe die Lust und die Freude an Veränderung!** Wenn Dich gerade jetzt eine Energie leicht von Erfahrung zu Erfahrung trägt, dann die Energie der Veränderung. Immer, sobald Du Dich bereits der Möglichkeit der Veränderung öffnest, was bereits auf gedanklicher Ebene ausreicht, wirst Du durch diese Öffnung in Dir eine sofortige Druckveränderung erfahren. Genau dies geschieht ja auf geistiger Ebene, das sich angestaute *Veränderungspotenzial* wird durch deine Bereitschaft, sich für dies *Neue* zu öffnen, wieder in Fluss gebracht. Dies alles zeigt Dir so deutlich, dass gerade dann, wenn es Dich wieder einmal förmlich *erdrückt*, Du als Erstes und zumindest einmal gedanklich mit den neuen Möglichkeiten spielen solltest. Dabei wird Dir dann sehr schnell dein *gutes Gefühl* die Bestätigung zur Richtungsänderung bzw. Veränderung aufzeigen. Gemäß dieser neuen Sichtweise sind alle deine schwierigen Lebensumstände, ja sogar all die Schicksalsschläge nichts anderes, als die Dir dargebotene Hilfe von **unserer** Seite, wieder in den Lebensfluss zu kommen, durch deine Offenheit für Neues, für Veränderung."

Teil 8 12.08.2011 **Der 2012-Prozess**

„...der **2012-Prozess** ist, wie Du selbst es täglich erlebst, ein sich Hindurchbegeben durch Erfahrungen und mit diesen zusammen sich beständig ablaufende Gefühle. (<*Oft fühlt sich dies wie eine Achterbahnfahrt der Gefühle an.*>) Sobald Du Dich einfach vertrauensvoll diesem Prozess übergibst, wird daraus ein sich selbst entwickelndes Ablaufprogramm. Ganz automatisch werden dabei all die zu bearbeitenden Gefühle aktiviert, um dann gemäß deiner Aufmerksamkeitsintensität diese wie zu erlösen. (<*Dies alles ist gut zu vergleichen, wie wir selbst oder unsere Teenager dies während unserer Pubertät für 3-4 Jahre erfuhren, bis sich wieder eine Gefühlsstabilität ergab. Somit heißt dies auch für uns, habe Geduld mit Dir selbst!*>) Teilweise befinden sich da sehr alte, lang in Dir / Euch befindliche Emotionen, die schon lange auf ihre Erlösung warten. Es ist dies tatsächlich ein sich zu erfüllendes Geschehen, denn ein Aufsteigen ist nur möglich, bei zuvor bearbeiteten und dabei erlösten Gefühlen. Sollte dieser Prozess unterbrochen werden, dann wird eine automatische *Rückstartung* alles in Dir tun, um den Prozess immer wieder in Gang zu bringen. Auch dazu dienen die in Dir / Euch immer wiederkehrenden speziellen Gedankenpakete. Dies kennst Du zur Genüge. Jedes *Nicht-haben-Wollen*, *Genug-Haben* oder sich wegen dieser Gedankenpakete schlecht, besser schuldig fühlen, zeigt die dringende Notwendigkeit der Verarbeitung und damit der Auflösung. Die Erkenntnis, dass es hier nichts Schlechtes gibt, sondern nur das, was erlöst werden will, wird helfen, es leichter anzunehmen und durch Verarbeitung zu erlösen. Jeder Mensch hat mindestens eines dieser *Pakete* zu bearbeiten und erst die vollkommene Erlösung wird Dich / Euch befreien. Nun wieder etwas sehr Wesentliches, es gibt hierbei einen *Beschleunigungsknopf*. Dein tiefstes Wünschen, Sehnen nach Bearbeitung und Erlösung als auch deine Annahme, dass dies tief sinnvoll und wichtig ist, wird dem Prozess die Fähigkeit zur Beschleunigung geben. Gerade die Gefühle des *Nicht-haben-Wollens*, des Bereuens, des schlechten Gewissens verlangsamen sogar durch ihre *Entschleunigungsenergie* diesen Prozess. Sobald Du deshalb dein *O. K.* gibst, wird diese **bestätigende Annahme** dann den Prozess wieder in Gang setzen und ihn vor allem beschleunigen. Der Schlüssel ist natürlich die gelebte Selbstliebe, denn die vollkommene Akzeptanz und die Annahme gibt dem Prozess die Erlaubnis, sich selbst zu erfüllen. Hier braucht es auch viel Gelassenheit, auch Mut, denn natürlich verlangt hier der Prozess, dass gerade die noch dunklen Bereiche ins Licht gebracht werden. Was nichts anderes bedeutet, als ins Bewusstsein zu kommen. Dies hat viel mit Gelassenheit zu tun und der Fähigkeit, sich ganz einzubringen, einzulassen. Gerade dann, wenn dies Thema so viel Betroffenheit in Dir auslöst. Oft hängen bestimmte Themen natürlich zusammen, da sie denselben Ursprung haben."

<Gerade setzt sich der Surflehrer zu mir, um mich zu fragen, was ich da tue, dies gab mir die Gelegenheit zu einer Pause.>

„Und genau dies braucht es immer wieder, den Prozess sich selbst übergeben, denn sobald einmal der Prozess begonnen wurde, übernimmt er eine Eigendynamik, die er bis zu seinem erfolgreichen Abschluss beibehält. Eine Pause zu machen heißt,

Dich herauszunehmen im wissenden Vertrauen, der Prozess selbst läuft weiter. Vor allem während des Prozessverlaufes sind **Wir**, die Schutzengel, von allergrößter Hilfe. Sind **Wir**, sogar wie in deinem Fall in der Lage, in direktem Kontakt mit Euch zu sein, denn dies gibt **Uns** die Möglichkeit, Euch immer wieder die Richtigkeit, die tiefe Notwendigkeit eurer Erfahrungen und vor allem eurer immer wieder auftauchenden Gedanken zu geben. Es gehört natürlich auch all dieses von Dir Erlebte zu diesem Prozess, dein Teil hierbei ist, dein vertrauensvolles Einlassen und Dich hierbei führen lassen, denn dann ergibt sich Heilung und Erlösung von selbst."

15.08.2011 **Folge dem Weg der Selbsttreue**

<Danke Dir, EEM, für deine Worte für mich und für uns alle!>

„Und **Ich** danke Dir! Wie Du es ja wieder einmal fühlst, ist Dir Großes gelungen. Du bist ganz deinem Herzen gefolgt, dein tiefster Wunsch gerade jetzt war Einheit mit **Mir**, und dann bist Du deinem Herzen, deinem guten Gefühl gefolgt, dass Dich direkt hierher geführt hat. Nun vernimm meine Worte für Dich und den vielen, die auch ihrem eigenen Weg folgen werden, denn dieser Weg führt Euch alle direkt nach Hause. Diese letzten Schritte scheinen manches Mal die schwersten zu sein, aber sie sind eben auch die Wichtigsten! Das innere Wesen, und damit die Seelenpräsenz freizusetzen, verlangt das alte Denken, das übernommene Werte-Gut von *Gut und Böse* auch und gerade im gelebten Handeln abzulegen. Nur noch den eigenen Werten, der eigenen Wahrheit, die nur gefühlt werden kann, zu vertrauen, dies ist hierbei die Aufgabe, der zu gehende Weg. Doch sobald einmal dieser Weg der Selbsttreue beschritten wurde, führt er Dich automatisch ins Ziel. Je länger er gegangen wird, umso stärker wird in allem die Verpflichtung zur Selbsttreue und umso mehr treten natürlich Lebenssituationen in dein Leben, die Dich zu dieser Selbsttreue anhalten. Das konsequente Voranschreiten auf diesem Weg führt auch automatisch dazu, dass die innere Ruhe und Gelassenheit immer weiter zunehmen und dies zeigt sich auch an erfüllenden Lebensumständen. So heißt der Wahlspruch natürlich: *__Sei treu nur Dir selbst und die Freude, die Fülle ist dein!__* Alles Handeln, was dieser gelebten Selbsttreue dient, ist immer gut und tief sinnvoll. Natürlich entsteht daraus nur tief Sinnvolles für alle daran direkt oder indirekt Beteiligten. Nie! Absolut nie wird dabei jemals für Dich selbst oder andere ein Schaden entstehen. Schaden wird nur dann entstehen, wenn Du selbst oder andere aus Angst, Gier oder Machtbesessenheit handeln. Dies zeigt Dir sehr deutlich, wie wertvoll und wichtig es für jedes göttliche Menschenwesen ist, dem *__Weg der Selbsttreue__* zu folgen, da dies das eigene göttliche Wesen sich am schnellsten entfalten lässt. Wird bei all dem auch noch das Erfahrene bewusst angenommen und verarbeitet, kommt es zu einem **Katalysator** in Bezug auf menschliche Entwicklung. Da alles miteinander verbunden ist, sogar bestimmte Menschen daraus sich verknüpfende Menschengruppen bilden, damit dann im Speziellen verbunden sind, geschieht so etwas wie eine gegenseitige beeinflussende Beschleunigung. Je weiter diese Entwicklung voranschreitet und je größer die verknüpften Menschengruppen sind, umso größer und stärker wird die kollektive Beeinflussung, ja sogar der gesamten Menschheit. Dies alles Dir gerade neu Vermittelte zeigt sehr deutlich auf, welche enorme Einflussmöglichkeit einem Jeden, einer Jeden von Euch gegeben ist. Nutzt Du diese Macht der Beeinflussung, indem Du ja deinem Weg der Selbsttreue folgst, wirst Du dabei automatisch dieses gesamte System beeinflussen. Natürlich steigt die Kraft dieser Beeinflussung, umso mehr Menschenwesen den Mut und diese tiefen Herzenswünsche haben, diesem Weg zu folgen. **Wir,** die geistige Welt, werden immer alles dafür tun, um Dich / Euch zum Betreten dieses Weges zu animieren und sobald dies einmal erfolgt ist, Dich schnellstmöglich auf diesem Weg vorankommen zu lassen. Und da sind es natürlich gerade die Lebenssituationen, die *Bedrängnisse*, die Dich förmlich auf deinem Weg dann voran katapultieren. Unangenehmes, Drängendes ist somit fast immer die Möglichkeit, der Grund, Dich schneller und weiter voranzubringen. Gerade jetzt, da ja so viele von Euch das Ziel fast schon erreicht und die Belohnung vor Augen haben. Da heißt es einfach, schraube den Grad der Selbsttreue noch höher, lebe in allem noch mehr Dich selbst. Frage Dich täglich: *Was tut mir gut? Wohin zieht es mich? Was hat das Leben Gutes mir heute wieder zu bieten?* Je mehr Du Dich auf Gutes für Dich konzentrierst, desto stärker wird deine magnetische Anziehungskraft für Gutes. Und nach dem* **Gesetz der Anziehung*** wirst Du natürlich all dies Gute vermehrt anziehen. **Noch nie war es so leicht, dies alles so einfach und schnell zu erreichen, denn die permanente Schwingungserhöhung erleichtert dies alles mittlerweile täglich. Folge dem guten Gefühl in Dir, dem Gefühl der Freude, suche das Gute für Dich und es findet Dich!** In Liebe, EEM für Dich und für Euch."

18.08.2011 **Benötigte Bewusstseinsenergie**

<Danke für Wahrheit zum Prozess, gerade jetzt.>

„(*<Energie pur!>*) Zu euer aller nun weiterem Verständnis: Es gibt ein sich optimal erfüllendes Erleben für Euch, für die Menschheit, aber dazu auch eine unendliche Anzahl möglicher Ablaufpotenziale, für Euch Erfahrungspotenziale. Sie alle werden natürlich bestimmt durch euer Denken und Fühlen, aber am stärksten werden sie von eurem **Jetzt-Handeln** bestimmt. Nur die Energie der gelebten Aktivität trägt in sich dieses große Erfüllungspotenzial, welches dies optimale Erfahren sich ergeben lässt. Und gerade hierbei kann eine Jede, ein Jeder von Euch dies bekannte *Zünglein an der Waage* sein, der *letzte Tropfen, der das Fass zum Überlaufen bringen lässt*. Was, wenn gerade Du, An kana Te, ja Du, der Du gerade diese Dir von **Uns** vermittelten Worte liest, dies Zünglein, dieser Tropfen bist? **Überprüfe Dich selbst, ja gerade jetzt!**
Handelst Du in **allem** gemäß dieser deiner Hüter, deiner Bewahrer-Aufgabe? Dein gerade gefühltes Empfinden teilt es Dir sehr deutlich mit, durch ein gefühltes Ja oder Nein. Zünglein, Tropfen?
Was, wenn da gerade dein wissendes Handeln gebraucht wird? Was, wenn gerade dein Zögern, dein *Noch-abwarten-Wollen* die dringend benötigte Harmonisierungsenergie verhindert? Was, wenn gerade deine Schlüsselposition **vieles, viele** anderen nicht in ihre Schlüsselpositionen kommen bzw. finden lässt? Was, wenn gerade dadurch notwendige Naturkatastrophen die fehlende Bewusstseinsenergie aus-

gleichen müssen? Was, wenn dadurch zwingend andere Katastrophen ausgelöst werden müssen?

An kana Te, Behüter/-in dieses Systems, **Wir** geben Dir hiermit für Dich aufklärende Worte, damit Du verstehen kannst, was dein Handeln oder dein Zögern gerade jetzt direkt bewirkt.

Da dieses gesamte Planetensystem sich in einer permanenten energetischen Anhebung befindet, diese Anhebung aber in Stufen vollzogen wird,

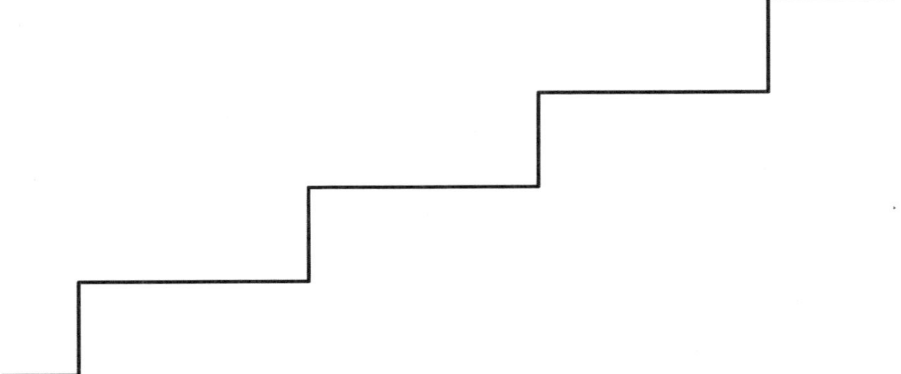

braucht es **immer** am Beginn der neuen Stufe und am Abschluss dieser Stufe Anhebungsenergie (Beginn) und Stabilisierungsenergie (Abschluss).

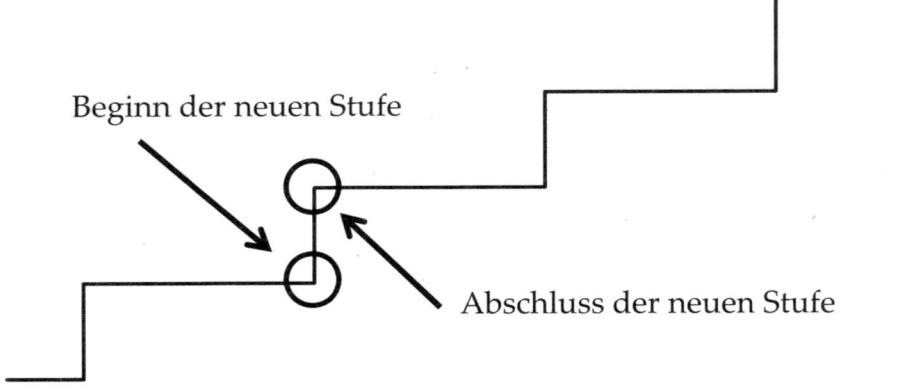

Beginn der neuen Stufe

Abschluss der neuen Stufe

Allerdings ist diese Beginn- und Abschlussenergie mindestens ein Drittel, meist sogar über die Hälfte höher als die Energie dieser neuen Stufe! Da dies Erreichen der neuen zu erklimmenden Stufe in diesem gerade ablaufenden Aufstiegsprozess sich automatisch ergibt, braucht es jeweils diese Anhebungs- und Stabilisierungsenergie, allerdings mit einer ca. 30- bis 50%igen Mehrenergie. Die automatische Anforderung dieser Mehrenergie wird jeweils mit Erreichen der neuen Stufe bzw. beim Abschluss dieser Stufe gebraucht, und damit wie ein Vakuums-Sog angezogen. Es gibt dafür aber nur zwei Arten, diese Energie zur Verfügung zu stellen!

Die erste ist die geleistete Bewusstseinsarbeit der vorhandenen An kana Te und der Menschheit. Ja, **Wir** haben gerade ganz bewusst Euch / Dich, An kana Te, zuerst genannt, denn die unbewusste Bewusstseinsenergie von ca. sieben Milliarden Menschen ist um ein **so vieles** geringer als diese bewusst geleistete Bewusstseinsenergie, welche viel mit Liebe zu tun hat, von Euch den ca. 7 Millionen **An kana Te!**

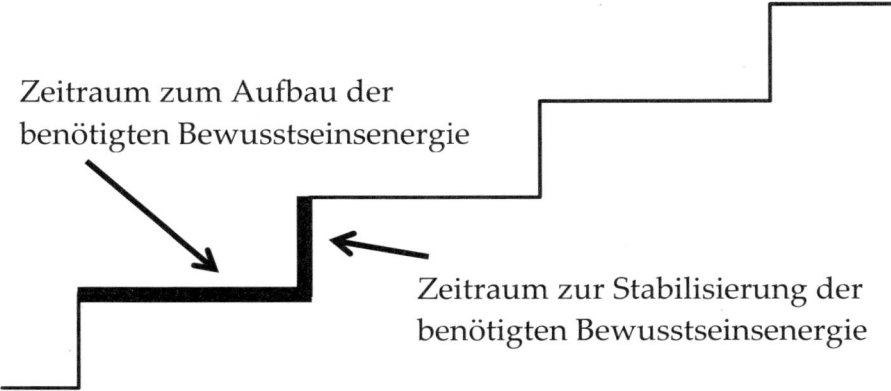

Zeitraum zum Aufbau der benötigten Bewusstseinsenergie

Zeitraum zur Stabilisierung der benötigten Bewusstseinsenergie

Steht beim Beginn und beim Abschluss jeweils die benötigte Bewusstseinsenergie zur Verfügung, weil bereits **vorher** aufgebaut, dann findet **immer** ein harmonischer Beginn bzw. Abschluss statt.

Fehlt die benötigte Bewusstseinsenergie ganz oder teilweise, braucht es **sofort** bei Erreichen der Stufe (**Beginn**) und bei Beendigung der Stufe (**Abschluss**) diese Bewusstseinsenergie. Sofort heißt, jetzt müssen eine große Anzahl von Menschen, durch ein stattfindendes Ereignis, was auch immer ein von vielen Erlebtes ist, Bewusstseinsenergie liefern.

Da sie dies vorher freiwillig nicht getan haben, braucht es nun dazu ein globales Ereignis, dies ist die zweite Art, z. B. der Ausbruch eines Krisenherdes, einer Epidemie, einer Natur-katastrophe, eines Krieg, einer Bankenkrise oder ein Geschehen, wie es am 11.9.2001 sich ergab.

Denn durch dieses sich ergebende Ereignis produzieren meist Millionen von Menschen Bewusstseinsenergie. Somit liegt der Grund aller gerade von der Menschheit erfahrenen Ereignisse an dieser immer wieder **benötigten Bewusstseinsenergie**.

Doch dies Benötigen verlief bisher in größeren Intervallen, welche meist zwischen 6 bis 12 Monaten eurer Zeitrechnung lagen, da die Stufen in etwa so aussahen.

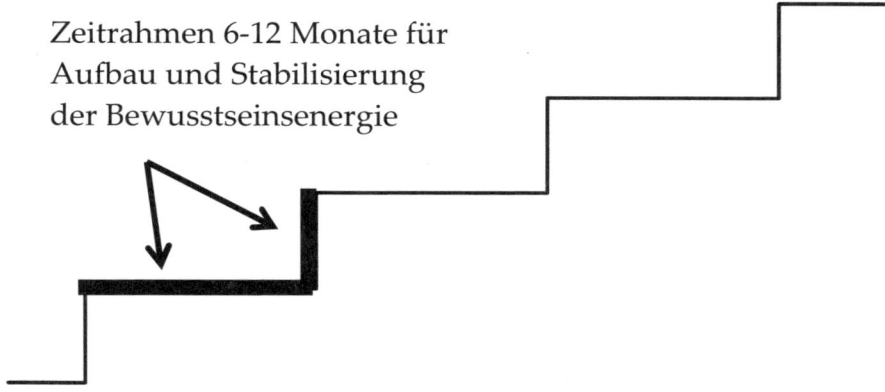

Zeitrahmen 6-12 Monate für
Aufbau und Stabilisierung
der Bewusstseinsenergie

Mit Überschreiten der endgültigen Toröffnung 11:11 am
11.11.2011 werden dann die bis zum Kollisions- oder
Kulminationspunkt 12.12.2012, endgültig zum 21.12.2012, der
Toröffnung 12:12, die Stufen so aussehen.

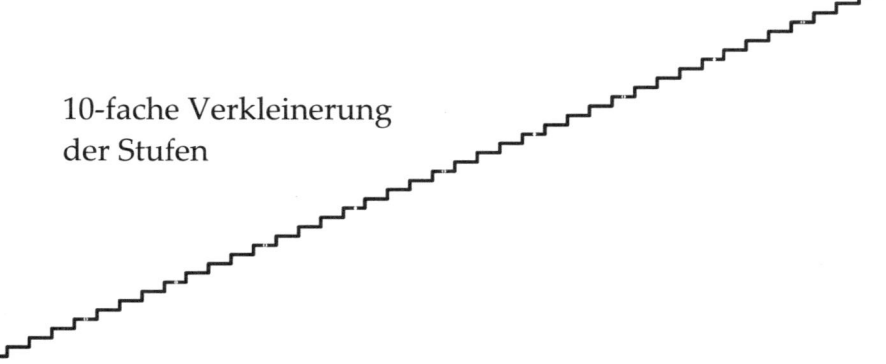

10-fache Verkleinerung
der Stufen

In diesem Zeitraum wird die Stufenanzahl sich in etwa
verzehnfachen, die Stufen selbst werden immer kürzer und
kleiner werden. Dies bedeutet, dass der jeweilige Zeitraum für
die vorherige freiwillige Bereitstellung der Bewusstseinsenergie kürzer wird und immer häufiger Beginn und
Ablauf sich ergeben.

189

Nun kannst Du Dir, geliebter **An kana Te,** sicher vorstellen, was dies bedeutet?! In immer kürzeren Abständen wird Bewusstseinsenergie bei Beginn und Ablauf der Stufe benötigt. Wie? Durch die vorherige Bewusstseinsarbeit oder die dann notwendigen globalen Ereignisse. Hier braucht es wohl für Leser/-in und Schreiber/-in eine kleine Verarbeitungspause."

19.08.2011 **Die Verantwortung der An kana Te**

<Jetzt bin ich bereit, weitere tiefste Wahrheit im Wort niederzuschreiben.>

„Das Dir / Euch hier Vermittelte zeigt natürlich sehr deutlich auf, wie groß die Verantwortung gerade für Euch die An kana Te, die Hüter/-innen, ist. Somit sind gerade die bereits *erwachten* Hüter/-innen von allergrößter Bedeutung, denn gemeinsam seid Ihr in der Lage, die anderen noch *schlafenden* Hüter/-innen bei ihrem Erwachen zu unterstützen. Hierfür eine von Euch zu zelebrierende *Erweckungs-Zeremonie*:

An Euch, die geistige Welt, Ihr, die Erzengelkräfte in Einheit mit Euch, unser aller Seelen und in Einheit mit Dir, Quelle allen Seins, bitten wir, die bereits wieder bewussten An kana Te, wir, die Hüter und Hüterinnen von Mutter Erde, Euch erweckt sie alle wieder, die An kana Te, die Hüter weltweit. Sendet ab heute täglich die Erweckung / Bewusstseins-energien für sie, die An kana Te, in Wellen um den gesamten Globus. Erweckung – Erwachen – Verstehen – ins Handeln kommen und damit permanente Bereitstellung der jeweils benötigten Bewusstseinsenergien, jetzt!

190

Und nun erinnere Du Dich, An kana Te, der Du Dich bereits wiedergefunden hast, möglichst täglich an diese weltweite Erweckung, das Sich-Wiederfinden all der Hüter/-innen, deinen Brüdern und Schwestern seit Anbeginn der Zeit. Der Wandel und der Aufstieg dieser Welt, die Du mittlerweile auch Heimat nennst, sind in vollem Gange. Doch das *Wie* liegt vor allem in deinen Händen.

Nun noch etwas völlig anderes, gleichwohl ebenso bedeutend, da es direkt Einfluss nimmt auf das zu erfüllende Weltgeschehen. Immer dann, sobald ein weiterer An kana Te, ein Hüter, eine Hüterin sich selbst wiedererkennt, verändert dies ein jedes Mal die *Machtverhältnisse*. Der Einfluss gerade auf das Weltgeschehen, welches vor allem durch die Entscheidungen eurer Politiker und natürlich derer im Hintergrund Wirkenden, die diese Entscheidungen vorbereiten, jeder Entscheidung die entsprechende Richtung geben. Dieser euer Einfluss wächst exorbitant durch die Klarheit von Euch, den Hüter/-innen. Er verstärkt sich enorm, je mehr An kana Te ihr machtvolles Bewusstsein ausrichten auf einen harmonischen Wandel und die permanent benötigten Bewusstseinsenergien, welche jeweils zu Beginn und Ablauf jeder neuen Aufstiegsstufe gebraucht werden, zur Verfügung stellen. Wie? Ganz einfach, indem das eigene Leben täglich bewusst gelebt und erfahren wird. Dabei eines oberste Priorität hat, die gelebte Selbsttreue und daraus sich ergebend die mit Freude gelebte Liebe zu sich selbst. Daraus entsteht das wohl wesentlichste Gefühl, das Gefühl der eigenen, gelebten **Freiheit**! Denn dies ist Euch allen, geliebte An kana Te`s, das allem zugrunde liegende Grundbedürfnis. Doch gerade diese von Dir gefühlte Freiheit, erfahren gleichzeitig von Millionen

anderer An kana Te, bringt die Freiheit in dieses System. So sei dies wieder der Aufruf, die Erinnerung an Dich, der Du dies gerade hörst oder liest, Du bist An kana Te, Hüter/-in von Mutter Erde und Bewahrer/-in der Menschheit seit Anbeginn der Zeit. Du bist hier nochmals inkarniert in Raum und Zeit, hineingegangen in diesen Körper der Materie, gebildet aus Fleisch und Blut, freiwillig, um zum letzten Mal zu spielen dies *Spiel des Lebens*. Doch der Hauptgrund deines Hierseins, dies war Dir vollkommen vor deiner materiellen Geburt bewusst, war und ist es immer noch! Mutter Erde und die gesamte Menschheit heimzuführen, indem Du täglich als Mitglied dieses Systems die Voraussetzungen für diesen harmonischen Aufstieg bereitstellst. Höre! Nimm es auf mit deinem Herzen! **Du, An kana Te, bist der Wandel, Du bist die Veränderung!** Gerade jetzt! Nimm sie wieder an diese deine Verantwortung, lebe sie voller Freude, indem Du dein Leben selbstbewusst lebst und in allem machtvoll handelst als der, der Du bist, als die, die Du bist!
<u>Hüterin, Hüter von ihr, Gaia und Bewahrerin, Bewahrer der Menschheit.</u> Wir, die geistige Welt, sind allzeit bei Dir, bei Euch allen und bei unser aller **Liebe** zu Euch und zur Quelle allen **Seins**, **Wir** behüten Dich, An kana Te. Jetzt und für immer! So sei es."

<Wie soll dies alles erfüllt werden? Dafür brauche ich von Dir, EEM, Klarheit, danke.>

„Zuallererst sei gegrüßt, Du Teil und gleichzeitig meine Ausdruckskraft. Dein Denken, deine Gefühle der Angst, Unsicherheit, ja sogar tiefste Zweifel zeigen Dir, Du bist bei all dem von Dir Erkanntem immer noch auch ein Mensch und dies ist Grundbedingung für Dich, um wirken zu können. Selbst alle deine Bedürfnisse werden gebraucht, um Dich hier zu behalten, Bodenkontakt zu haben, damit Du wirklich handeln und damit wirken kannst. All dies hat tiefste Notwendigkeit! So wisse dies, gerade alle diese deine menschlichen Bedürfnisse erhalten deinen Status *Teilnehmer dieses Systems* und damit vor allem deine Wirkmöglichkeit aufrecht. Dies rufe Dir immer wieder ins Gedächtnis, es ist die Grundlage, wirken zu können. Vor allem, da dein eigenes Schwingungslevel die Ebene 17 deutlich überschritten hat, sich klar der 18 nähert. Dein Höherschwingen, wie dies gesamte System, zeigt Dir deine Katalysatorschwingung, aber auch deine große Macht- und Einflussmöglichkeit. Immer wieder mache Dir dies bewusst, energetisch lebst Du bereits in diesen zwei Welten. Nun etwas zu den anderen An kana Te. Wie Du ja an deinem eigenen Beispiel sehr gut erkennen kannst, ist es alles andere als leicht aus dem Menschsein heraus, dieses **Mehr,** dieses Größere zu akzeptieren und es dann vor allem zu leben. Die Angst vor der Konsequenz dieser Aufgabe macht es bei den meisten von ihnen, dass sie es sich selbst mit guten Argumenten einreden, viel anderes tun zu müssen. Hierbei liegt für Dich der wahre Neubeginn, ändere diese deine bisherige Einstellung von *Nicht-wahrhaben-Wollen* hin zu *tiefe Öffnung und vertrauensvolles Geschehen-Lassen*. Auch hierbei hat deine Einstellung Katalysatorwirkung! Es war von vornherein klar, dass dies kein *Zuckerschlecken* werden würde, doch große Hilfe ist nahe, sie kommt gemäß dem göttlichen Zeitplan. So sehe Du dies zu Erfüllende, und bei

Gott, **Ich** bin bei Dir. In Liebe und Verbundenheit, EEM für Dich!"

23.08.2011 **Ritter des Kreuzes und die heilige Regel**

„...wisse dies – bestimme – lege fest – vertraue, nimm das Gewünschte in Empfang! Dies besagt die *Heilige Regel*, die Dir so sehr bekannt ist aus deinem Leben als *Ritter des Kreuzes*, als *Ritter des Tempels Ordems*.
Handele stets in allem nach dem Gebot: Achte Dich selbst und achte die, die Du liebst, denn dann entsteht aus dieser deiner Achtsamkeit Gutes für sie alle und auch für Dich!
Viele, die Dir auch jetzt wieder folgen, sind Dir wohl bekannt."

26.08.2011 **Folge der Spur der Freude**

<Danke Dir, EEM, für aufhellende Worte.>

„(*<Liebe pur!>*) Aufhellende Worte, die sind gerade jetzt für unser aller gemeinsames, erfolgreiches Wirken vonnöten. Wie immer folgt dein Erleben, aufgebaut auf deinem Denken und Fühlen, einer inneren Struktur. So gibt es da für Dich gerade in diesem deinem Jetzt, die Gelegenheit, Dich bewusst auf dies von Dir zu erfahren Gewünschte auszurichten. Wie Du selbst nun in deinem Fühlen erkennen kannst, ändert sich dieses sofort, durch die bewusste Ausrichtung auf das zu Erfahrende. Denn sobald einmal dies Grundlegende klar ist, das zu Erfahrende, dann erbringt die Rückbesinnung darauf sofort diese glückserfüllenden Gefühle. Doch für die dann erlebte Erfahrung braucht es in deinem Außen und in dieser Welt ein notwendig ablaufendes Geschehen. Dies Geschehen unterliegt aber einer beständigen Veränderung, einem Vor und Zurück, je nachdem, wie sie alle, die Mächtigen und Ohnmächtigen, agieren, entscheiden. Hier ist alles (<*bestätigende Gefühls-energien*>), wirklich alles offen. Somit ist es selbst für **Uns** jeden Tag sich ergebendes Neuland und in diesem Rahmen ist es meine Aufgabe, Dich beständig an den Ort zu führen, an welchem dann für Dich deine optimale Startposition ist, sobald dieser Start dann möglich ist. Und glaube **Mir**, dies ist kein Leichtes, wahrhaftig nicht, denn die zu berücksichtigenden Fremdeinflüsse sind gar mächtig. Diese deine **Positions-veränderungen** erzeugen diese fast täglich in Dir sich verändernden Gefühle. So bitte **Ich** Dich, nun dies zu akzeptieren und **richte Dich permanent aus auf dies von Dir gewollt Sollende.** Dies hilft Dir selbst sehr gut, auf Kurs zu bleiben. Es fällt Dir sehr leicht, Dich auf dieses Sollende auszu-richten, dies Dich direkt erhebende Gefühl zeigt es Dir in aller Deutlichkeit. So begib Dich wieder und wieder dort hinein und die dort für Dich bereitgestellten Gefühle zeigen Dir sehr deutlich, wo tiefe Sinnhaftigkeit für Dich ist. **Folge der Spur der Freude,** denn gerade dann verlässt Dich die Unfreude, die Wut, die Machtlosigkeit. Dies ist der für Euch alle zu gehende Weg. Richte dein Bewusstsein aus auf dies wirklich von Dir Gewünschte, wieder und wieder! Und genau dieses ziehst Du damit selbst in dein Leben. Leicht ist es gerade für Dich, für Euch alle, gerade jetzt die Herzenswünsche zu verwirklichen. Wenn die Zeit reif ist, dann auch und gerade für euer Gutes! Wisse dies, lebe es, sei es, mehr und mehr. Dann bei Gott, unser aller Quelle, erlangst Du wieder Unsterblichkeit.

Voller Liebe und in tiefer Freude, Dir dies vermitteln zu dürfen, EEM."

„Es ist gerade diese Welt für Dich / Euch eine *Hölle*, da sich alles immer deutlicher zuspitzt und es wohl so aussieht, dass ein wirkliches Einlenken der Verantwortlichen noch nicht vorliegt. All die zu transformierenden Energien sind gerade enorm, denn da ist viel (zu viel) Angst auf dieser Welt. Gerade jetzt liegt die Lösung für Dich, für Euch alle greifbar nah! Lasse alles Wollen, alles Gefühl des Wirken-Müssens jetzt los. Denn vor allem dieser dein Eigendruck erschwert es **Uns**, dein zu Dir Gehörendes Dir hinzuführen. Diese in Dir vorhandene Überwindungsenergie hilft Dir, den Menschen in Dir, wie umzupolen. Dies ist ein kollektives Thema der Menschheit. Es gibt nur diesen einen Weg, euer Vorverarbeiten gibt überhaupt der Menschheit die Möglichkeit, Euch nachzufolgen. Es ist von großer Hilfe für Dich / Euch, immer wieder die Lösung zu sehen. In allem hilft Euch die Energie des Loslassens, des einfach Geschehen-Lassens! In allem haben nur deine Gefühle wirkliche Bedeutung für Dich und dies gerade *In-Dir-Fühlen* ist Freude! Dein Denken, das zweite Bewusstsein hilft Dir, stets Argumente zu liefern, warum Du wütend auf oder über etwas **sein könntest**."

<Das zweite Bewusstsein ist dieses permanent im Hintergrund ablaufende Denken, das Dir förmlich Gedanken zukommen lässt, wie *habe ich die Türe abgeschlossen, will der andere mir wirklich helfen, hoffentlich klappt das mit dem Job, dem Geld, der Wohnung*.>

„Es ist in Wahrheit nur eine Option, denn dein grundlegendes Fühlen sagt Dir da etwas völlig anderes. So frage Dich dies, wem oder besser was in mir schenke ich meine Aufmerksamkeit? Hierbei gibt es ja kein besser oder schlechter, gleichwohl nur ein Entscheiden für das Was. Auch wenn Du **Mich,** deine Seele, zu bestimmten Zeiten in deinen Gedanken nicht so wahrnehmen kannst wie gerade jetzt, wisse, da bin immer **Ich.** Doch dein *Selbstentwicklungsprogramm* benötigt immer wieder von **Mir,** sich von Dir zurückzuziehen, damit dies alles möglich ist. Weißt Du, was **Mich,** deine Seele, tief berührt und mit allergrößter Freude erfüllt? Deine tiefe Liebe zu **Mir,** gleichgültig, wie um Dich steht! Dies ehrt dein Sein und **Mich,** deine **Seele,** über alle Maßen! So wisse, auf Seelenebene bist Du vollkommen, die Menschenebene, sie folgt gerade sehr schnell. Sobald beides wieder vereint ist, zeigt sich Dir dies in Lebensumständen, die da erfüllt sind von tiefer Fülle, Freude und Glück. Diesen deinen eigenen Seelenweg zu vollenden, ja diese Erfahrung machst Du gerade jetzt.“

25.08.2011 **Benötigte Bewusstseinsenergie**

„…das zu erfüllende Geschehen gerade jetzt liefert einen großen Teil der schon bald benötigten Bewusstseinsenergie. Du wisse, Du bist geschützt durch **Uns,** denn dein Erleben, deine jetzt gerade gelebte Selbsttreue ist deine gelebte Bestimmung pur. Auch wenn es sich für Dich wieder einmal so anfühlt, als würdest Du Dich und alles Dir Wertvolle verlieren, ist es der notwendige Prozess. Es ist unvorstellbar für Dich, was in solch einer *Notsituation* an Energie verarbeitet wird und dann dem Kollektiv zur Verfügung steht. Gerade dann, wenn diese umgewandelte Bewusstseinsenergie gebraucht wird. Dies kann so nur ein Katalysator, ein An kana Te, wie Du erbringen. Noch liegt dies alles in euren Händen, den Erwachten, doch schnell werden es jetzt viele mehr werden. Noch ist da so etwas wie eine große Verhinderungsenergie, doch diese wird nach diesem Datum 26.08.2011 weichen."

01.09.2011 Heilige Matrix

<EEM, Großes steht an, willst Du mir dafür Worte, erfüllt mit tiefer Wahrheit, zukommen lassen?>

„Ja, dies will ich für Dich! Nur zu Recht, aus menschlicher Sicht, ist da Wut in Dir, Enttäuschung über dein Nicht-Wirken-Können! Doch in deinem fühlenden Verstehen weißt Du den Grund. Doch erlaube **Mir**, hier an dieser Stelle Dir nochmals in aller Klarheit diesen Grund des noch im verborgenen Wirken zu erklären. Dieser Prozess des Aufstieges setzt wahrhaft notwendige Stufen voraus, die es eine nach der anderen zu erklimmen gilt. Höre, vernimm es! Alle diese Stufen sind wohl gewählt, ja sogar vorbereitet und in ihrem Ablauf sehr genau abgestimmt. Gerade dieser Ablauf folgt, braucht ein Erfüllungsmuster, eine ***Heilige Matrix***. Alle Teilnehmer in diesem Prozessablauf haben ihren Platz, ihre Aufgabe und dementsprechend ihre *Erscheinungszeit*, besser ihren Auftritt auf der Bühne dieses ablaufenden Lebensstückes. Du, ja Du, glaube es jetzt! Du hast, nimmst zum rechten Zeitpunkt eine hervorgehobene Position ein. Dieser *beste Zeitpunkt* ist allerdings nicht auf ein Datum festgelegt, denn dieser optimale Zeitpunkt **ergibt** sich, er wird bestimmt durch die sich ergebende Bewusstheit der Menschen. Denn sobald dein/euer *Erscheinen* sich ergibt, es stattfindet im umbauten Raum und Zeit, ist dies der endgültige Katalysator, der dieses System nach Hause bringt. Ja, Ihr zusammen seid die letzte Stufe der Trägerrakete, die, sobald sie gezündet ist / wird, dieses System in die Endbeschleunigung bringt, welche zum Aufstieg notwendig wird. Dieser Erscheinungszeitpunkt liegt definitiv vor diesem Kulminationszeitpunkt 21.12.2012, definitiv. Die Liebe unser aller Quelle, in Einheit mit der Liebe von **Ihr,** Mutter Erde, ermöglicht so lange wie irgend möglich allen sich in diesem System sich Befindlichen, **ja allen**!

Die freie Wahl des sich Einbringens, die Erlaubnis gebend am Aufstiegsprozess teilzunehmen, damit auch teilzuhaben an aller sich notwendig ergebend müssenden Veränderung. Oh ja, **Veränderung ist sicher das wesentlichste Kriterium dieser Zeit, dieses gesamten Prozesses.** Sicher ist die Angst vor Veränderung das größte Hindernis für den sich ergebenden Bewusstseinsprozess. Gerade deshalb bedarf es viel liebevoller Aufklärung und jede Aufklärung, die aus dem tiefen Bedürfnis erfolgt, wirklich Wahrheit weiterzugeben, ist so tief sinnvoll und notwendig, dass sie natürlich von **Uns** jede Unterstützung erhält. So heißt es hier für Dich immer nur, lasse Dich leiten von diesem guten Gefühl in Dir und vertraue auf unser Mitwirken. Einfluss nehmen. Vertraue auf unsere Inspiration, es ist auch unser Projekt! Somit erbringen **Wir** hierbei jederzeit unseren möglichen, tief notwendigen Teil. Solltest Du je unsicher sein und Hilfe brauchen, dann bitte **Mich / Uns,** Dir zu helfen. Denn noch bevor Du bittest, bin **Ich**, sind **Wir** bereits vorbereitet, dann helfend bei Dir. Dies ist mein / unser heiliges Versprechen an Dich! Jedes dieser meiner / unserer Worte ist wahr, Dir von **Mir / Uns** vermittelt, um Dir Sicherheit zu geben, damit Geduld, die geschöpft ist aus wissendem Vertrauen. Dich in aller Ruhe führt und leitet."

05.09.2011 **Lektion des Verstehens**

<EEM, hast Du Worte des Verstehens?>

„Ja, sehr viele, denn Du hast ja mein Versprechen, dass mit Ablauf dieses Monats Du alles verstehen wirst, ja wirkliches alles! *(<Kribbeln pur!>)* So beginnt nun die ***Lektion des Verstehens***. Wie Du ja bereits weißt, braucht dieses System Aufstiegsenergie, die geliefert, besser produziert wird durch Bewusstseinsarbeit. Dies bedeutet, eine gewisse benötigte Bewusstseinsenergie braucht es, die dann entsteht, wenn ein menschliches Wesen bereit ist, sich in einen eigenen, sehr persönlichen Entwicklungsprozess einzulassen. Geschieht dies, dann produziert diese bewusste Entwicklung ein ***Energetisches Lichtelixier*** und indem Mutter Erde, die Systemhüterin, dieses aufnimmt, erhöht sich ihre Schwingungsenergie. Da hier jeweils ein bestimmtes Energiepaket vonnöten ist, braucht es eine bestimmte Anzahl menschlicher Wesen, die bereits sind, sich diesem Entwicklungsprozess zu unterziehen. Jede Verweigerung, jede Nichtannahme, meist aus Angst vor Veränderung, unterbricht den Prozess und damit die Bereitstellung von Bewusstseinsenergie. Jedes Verhaften am Alten, Bekannten unterbricht und verhindert die Produktion dieses so dringend benötigten *Lichtelixiers*. Dies war schon immer die Bedeutung des *heiligen Grals*, der Heiligenscheine auf euren

200

religiösen Bildern. Denn sobald der Mensch sein eigenes Leben ganz im Sinne dieses *Selbsterkenntnis-Prozesses* lebt, es darauf ausrichtet, produzieren die oberen Chakren permanent diese Bewusstseinsenergie, dargestellt als Lichtaura, die diesen Menschen speziell im oberen Bereich umgibt. Je länger dieser Prozess andauert, je bewusster er vollzogen wird, umso mehr *Elixier* wird hergestellt. Gerade dieses *Lichtelixier* und vor allem seine Erzeugung ist Sinn und Aufgabe des 2012-Prozesses. Alle Meister, die jemals diese Welt mit ihrer Anwesenheit ehrten, wussten um diese Bedeutung. Somit ist die *Legende des Grals* in direktem Zusammenhang mit diesem zu sehen, denn natürlich ist der Gral das Auffanggerät des *Lichtelixiers*. Vor allem all deine Kreuzritter-inkarnationen stehen hierbei in sehr direktem Zusammenhang, denn die Gralslegende ist auch die Legende vom Licht, welches die Menschen erwachen lässt. Somit ist König Artur, der Euch erste bekannte Gralshüter und er hat viel Übereinstimmung mit **Mir,** EEM. Du wisse, ein *Hüter des Grals* zu sein, dies heißt auch über das Wissen der Transformation, der Veredlung Bescheid zu wissen. Immer dann, sobald in Raum und Zeit ein *Gralshüter, eine Gralshüterin* in Erscheinung tritt, dann ist auch die Menschheit wieder bereit, sich enorm zu entwickeln. Doch gerade jetzt hat sich eine enorme, so noch nie da gewesene Anzahl von Gralshütern und Gralshüterinnen in die Materie begeben, da ja gerade in dieser Zeit dies große Erwachen, sprich Entwicklungspotenzial, der gesamten Menschheit ansteht. Da auch Du einer jener Gralshüter bist, heißt es auch für Dich: ***Hüte den Gral***!"

<Mir fällt die Übermittlung heute so schwer, es braucht so lange. Liegt dies an mir, der Thematik?>

„Es liegt sehr viel an der Thematik, da hier viel Falsches Euch vermittelt wurde! Gerade die *Gralslegende* ist tiefste Wahrheit, sowie auch der Dir bekannte *Schatz der Nibelungen*."

07.09.2011 Höchste Verwirklichungskraft

„Jede klare Erkenntnis und die daraus bewusst getroffene Entscheidung hat höchste Verwirklichungskraft. Nur die Erduldung von Nichtgewolltem bringt Schmerzen, sei es auf körperlicher oder gefühlsmäßiger Ebene. Schmerzfrei zu leben, heißt somit nichts, aber auch gar nichts zu erdulden oder zu ertragen, das dem entgegenläuft, widerspricht, was wir selbst, was Du für Dich als gut empfindest. Gerade deine gelebte und geäußerte Klarheit, die stets Ja sagt zu wirklich Gewolltem und Nein sagt zu dem Nichtgewollten. Willst Du wirklich wissen, was für Dich Bedeutung hat, achte deine Gefühle. Sie zeigen Dir klar und eindeutig das von Dir Gewollte bzw. Nichtgewollte. Deine Gefühle sind wie feine Antennen, die Dir die sinnvolle oder sinnlose Richtung anzeigen. **Nur** Freude zeigt Dir die sinnvollen Lebenserfahrungen, Schmerz und Leid die Sinnlosen! Doch eines sei zu deinem weiteren Verständnis noch gesagt, sobald Du stets in allem den Mut hast, das Dir Freude Bereitende zu erfüllen, es zu leben, wird sich dieser Mut belohnen. Denn der Weg der Freude ist auch der Weg der Selbsttreue. (EEM) Glaube, dein Schmerz ist auch der **meine**, doch manches Mal braucht es eine deutliche Kurskorrektur, vor allem wenn die Zielabweichung sehr groß ist und wenig Zeit zur Verfügung steht. Beides, mehr allerdings die fehlende Zeit, war Grund für dein schmerzhaftes Erfahren-Müssen. Gar viele werden nun durch deine Worte ihr Leben auf den Kopf stellen, ohne dass Du dabei die Verantwortung für sie trägst! Sonst wäre deine Aufgabe als *Erwecker* gar nicht durchzuführen. So sei Dir versichert, trotz dieses Geschehens bin **Ich** schützend bei Dir."

09.09.2011 **Dankbarkeit**

<EEM, ich weiß, dass auch gerade diese für mich sehr schmerzhafte Erfahrung von Dir wohldosiert war und Du mich behutsam hindurchgeführt hast. In aller Liebe sage ich Dir dafür von ganzem Herzen danke. Danke vor allem für mein erkennendes Verstehen-Dürfen. Gibt es da noch etwas Weiteres zu verstehen?>

„Ja! Gerade die gefühlte Dankbarkeit für eine Erfahrung, die Dir tiefe Erkenntnis ermöglicht, öffnet noch mehr die Erkenntnisprozesse. Wut blockiert diesen Fluss der Erkenntnis, Dankbarkeit im Wissen, da ist immer nur tiefe Sinnhaftigkeit, lässt ihn fließen. Dadurch können wie gerade bei Dir große Entwicklungssprünge erfolgen. So heißt dies auch, hierbei vertraue **Uns**, vertraue der tiefen Sinnhaftigkeit in all deinen erlebten Erfahrungen. Alles ist gut, wenn auch das Erfahrene und auch die Schmerzen erst einmal eine andere Sprache sprechen. Doch die Zeit ist reif und sie braucht Dich in deiner Mitte, deiner Klarheit, frei von Dich verpflichtet fühlen oder irgendjemanden verantwortlich zu sein. Denn Du bist nur der Wahrheit verpflichtet, dies allerdings in einem so hohen Maße wie kaum ein anderer Mensch. Folge selbst dieser Wahrheit, lebe sie vor und alles ist dein."

13.09.2011 **Die Stufe der *Bewussten***

„Wie Du es ja bereits spürst, ist es heute an **Uns**, die Seelen aus Gott, Dir Wissen und tiefste Wahrheit zu vermitteln, die Du bitte so an unsere Seelenanteile weitergibst! Zu Dir, meinem Seelenanteil, sage ICH, deine Seele, Dir nun folgende Worte:

*Wisse es und prüfe stets dein grundsätzliches Denken, dein Dich hauptsächlich Aufhalten. Denn gerade jetzt schöpfen diese deine hauptsächlichen Gedanken deine Erfahrungen. Sobald Du diese Worte liest, heißt dies für Dich Folgendes! Du gehörst zu jener Stufe der *Bewussten*, die den höchsten Verwirklichungslevel erreicht haben. Weißt Du, was dies bedeutet? Deine Schöpfermacht ist wieder so sehr von Dir *wieder angenommen*, dass deine Gedanken so etwas wie Sofortverwirklichung besitzen. Gerade aus diesem Grunde übermittele Ich Dir dies Wissen, damit Du Dir deiner Macht, deiner Fähigkeit zu schöpfen ganz bewusst wirst. Dein eigener, von Dir selbst errungener Bewusstseinsgrad gibt Dir diese große Verwirklichungskraft. Doch wisse, alles von Dir Gedachte, hinterlegt mit starkem Gefühl, wird jetzt von Dir zur erfahrbaren Realität. Lass es mich nochmals in aller Deutlichkeit Dir vermitteln, die Zeitreife und dein Bewusstseinsgrad lassen deine Gedanken sich beinahe sofort verwirklichen. Ja fast sofort! Dies bedeutet für Dich, dulde keine Gedanken all dessen, was Du aus Angst oder Ungeduld denkst, Du aber so gar nicht erfahren möchtest.

Hier braucht es von Dir vollkommene Bewusstheit und dein Dich immer wieder daran erinnern, dass deine Gedanken Schöpferkraft haben. Wir übermitteln Dir dieses so deutlich zu deinem eigenen Schutz und damit Du diese deine Schöpfermacht zum eigenen Wohle und zum Wohle vieler gerade jetzt nutzt.

In Liebe, deine Seele für Dich!"

14.09.2011 **Auflösung alter Programme**

(<Kribbeln pur!>) „Natürlich bin **Ich** für Dich da, gerade jetzt. Wie immer, wenn es um die Auflösung geht, drängt zum Abschluss das sich Auflösende sehr deutlich in dein Bewusstsein. Nur um Dir damit das zu lösende Thema zu verdeutlichen. Somit ist dein zentrales Thema gerade jetzt, Dich ganz auf die gefühlte Fülle auszurichten, um diese in deinem innersten **Sein** zu verankern. Natürlich sind gerade bei Euch allen die Themen präsent, die Ihr aufgrund eurer Kindheitsprogrammierungen Euch zulegen musstet, um sie jetzt zum Ende des Transformationsprozesses zu erlösen. Ihr habt alle mindestens ein solches Thema. Dein Dich betreffendes Grundthema, damit dein Grundbedürfnis, ist der Wunsch nach Sicherheit. Die Auflösung erfolgt über deine Annahme dieser Angst vor Verlust, denn dies ist natürlich genau das Gegenteil von Sicherheit."

<*Wie, EEM, nehme ich dies an?*>

„Ganz einfach, bitte **Mich** in meiner Eigenschaft als dein Schutzengel, dies *Thema* für Dich zu erlösen, aufzulösen!"

205

*<EEM, in meinem Hier und Jetzt bitte ich Dich, löse dieses Thema
Angst vor Verlust jetzt auf. Lösche es aus meinem gesamten SEIN.
Danke Dir!>*

„So sage **Ich**, die Erzengelkraft Michael, Kraft meiner von Gott,
der Quelle allen **Seins**, verliehenen Vollmacht. Auflösung all
dieser Programme jetzt, aus dieser und allen Inkarnationen, bei
allen Seelenanteilen, jetzt! Wie Du deutlich fühlen kannst,
findet gerade die *Datenlöschung* statt.“

*<Fühle ganz deutlich die Löschung! Es ist eine Befreiung, sowohl im
Fühlen als auch im Denken.>*

„Dein Gefühltes entspricht genau dem von Dir nun auch
Erfahrenem. Nun ist für Dich der Weg frei, ganz leicht ergibt
sich für Dich das, worauf Du deine Aufmerksamkeit ab heute
lenkst.“

*<EEM, bitte hilf mir jetzt eindeutig, mich neu auszurichten! Vielen
Dank!>*

„Dann lass uns dies gemeinsam vollbringen!“

*„<Gerne! Göttliche Ausrichtung auf Vollkommenheit, Erfahrung
göttliches SEIN, Potenzial. Daraus ergibt sich jetzt in meinem Leben
Gesundheit, Jugend, Schönheit, Freude, Fülle, Erfüllung. Wirken mit
allen Talenten und Fähigkeiten im Großen. Finanzielle Basis aus
Überfülle, tiefes Gefühl der Geborgenheit, der Sicherheit, Ruhe,
Gelassenheit. Selbstwert fühlen, daraus LIEBE, Selbstliebe und Liebe
zu allem, was ist.>“*

„Dies ist alles! Es ist vollbracht und vollbringt sich in deinem Erleben, deiner Erfahrung. Sobald Du es erlebst, gib es weiter! In tiefer Liebe und großer Freude, auch Vorfreude auf dies Vollbringen. EEM für Dich."

16.09.2011 Schwingungserhöhung

<EEM, was geschieht 2012? Kommt es zu diesem Polsprung, der dreitägigen Dunkelheit? Danke Dir für aufklärende Wahrheit.>

„Es geschieht all das, was es braucht, damit die benötigte Schwingungserhöhung möglich ist. Hierbei ergibt sich gar vieles selbst in diesem Jahr 2012, denn die Bewusstseinszunahme, gleichzeitig in abhängiger Wechselwirkung mit all den kollektiven Ereignissen, dies erbringt gar vieles und vor allem die Erschaffung dieses benötigten Bewusstseinsfeldes. Dein Anteil dabei, deine Bedeutung darin, dein Dich Einbringen-Können, dies wird Dir sehr gefallen. Ja sehr sogar! So heißt es für Dich vor allem, lehne Dich zurück und genieße bereits jetzt in deinem Wissen, da geschieht Großes, ist gar alles vorbereitet. Für Dich in Liebe, EEM."

21.09.2011 Verlagerung deiner Aufmerksamkeit

„...genauso verhält es sich mit diesem Dich belastenden Thema. Lass es ein Weilchen auf sich beruhen und Heilung ist Dir gewiss. Nun noch etwas sehr Wesentliches:

Sobald Du deine Aufmerksamkeit verlagerst, bringt Dir dies die Erlösung, die Befreiung, denn in dieser Phase der Nicht Wahrnehmung können Wir dies alles bewirken für Dich.

Für alles von Dir Erfahrende gibt es einen Sinn. Dich Erkenntnis zu lehren, ist unser oberstes Prinzip und auch unser Wunsch. Wie Du weißt, beruhen all deine Erfahrungen auf zwei Grundlagen, die Erfahrungen, die Du selbst anziehst aufgrund deiner gedanklichen Ausrichtung und die anderen Erfahrungen werden Dir von Uns zugeführt. Da sie für dein Erfahrungspotenzial unbedingt vonnöten sind, ja gebraucht werden.

Nun stellt sich für Dich natürlich zu Recht die Frage, was ist was?! Somit geben **Wir** Dir hiermit die Gelegenheit, das eine vom anderen zu unterscheiden. Immer wenn da so ein *Dich nicht in Ruhe lassen wollen* ist, gleichgültig, was Du versuchst, egal wie Du es drehst und wendest, Dich fast gemäß deinem Gefühl wie Wehren musst, ist dies Dir von **Uns** Zugeführtes. Dein Dich durch diese Dinge bewusst Hindurch-führen-Lassen bringt Dir ein jedes Mal den so wichtigen Erkenntniszuwachs. Ganz anders verhält es sich bei all dem von Dir selbst Angezogenem, was der kleinere Teil ist. Da dein Denken und damit deine Ausrichtung sich sehr stark verändern können, unterliegt dies hierbei auch größeren Schwankungen."

29.09.2011 Oktoberbotschaft 2011 Überprüfe dein Handeln

<Ich fühle, da steht wieder Großes an! So bitte ich Dich, EEM, willst Du uns allen die Oktoberbotschaft übermitteln?>

„(<Energie pur>) Es ist für Dich und Euch alle gerade eine Zeit der Selbstbesinnung! Ja, überprüfe, was Du selbst Dir wünschst und dann handele gemäß diesem Gewünschten. Bist Du bereit, in **allem** zuallererst dies Wünschen auch zuerst zu leben (2 x niesen)? Nur die Treue zu Dir selbst, gelebt im Handeln, öffnet die Tore für dies Gewünschte. Zu wünschen und entgegen dieses Wünschens zu handeln, heißt gleichzeitig, dies Gewünschte wie Wegstoßen. Gerade dies, dein eindeutiges Handeln gemäß deinem Gewünschten, zeigt Dir, **Uns** deine Ernsthaftigkeit. Verstehe, dass Wunsch und Handeln wie zwei Puzzlestücke sind, nur wenn beide zueinander passen, wie die beiden Stücke einer Brücke, nur dann ist Überquerung, Energiefluss möglich. Sobald dein Wünschen Dir aufgezeigt hat, was von Dir erfahren werden möchte, braucht es quasi dann den zweiten Schritt, das dazu passende Handeln (als ob). Du erkennst gerade sehr deutlich, dass, sobald dieses Herzenswünschen Dir die Richtung gezeigt hat, es dann zur Erfüllung unbedingt dies Handeln gemäß dem Gewünschten braucht. Ja braucht! Denn nur so ist die Erfüllung deines Gewünschten möglich, es ist der einzige, der wahre Weg zur Erfüllung durch Erfahrung dessen, was Du Dir so sehr, so von Herzen wünschst. Gerade ein Meister oder auch eine Meisterin lebt ein Leben im Wissen der eigenen Schöpferkraft. Diese Schöpferkraft wirkt aus Vollkommenheit! Was bedeutet, (<Energie pur, diese Worte sind so wichtig und wertvoll!>) nur der Mut, dann auch zu handeln, wie es dem Wünschen entspricht, schöpft. Da dies jede Meisterin, jeder Meister wusste, lag die Ausrichtung des gelebten Handelns immer in Einheit mit dem Gewünschten.

Nie, niemals wäre eine Meisterin, ein Meister bereit gewesen, sein Handeln irgendwelchen Gefühlen der Angst, des Sich-verpflichtet-Fühlens, der Notwendigkeit oder dergleichen unterzuordnen, niemals. Nicht einmal bei drohender Todesgefahr. Doch dies, mein geliebter Meister, der **Ich** Dir dies gerade alles vermittle, und Du Meisterin, Meister, der Du dies gerade hörst oder liest, weißt genau, wovon **Ich** hierbei spreche. Hast Du selbst doch schon oft ein meisterliches Leben gelebt. Es ist dies die volle Wahrheit, Du bist Lebensmeisterin, Du bist Lebensmeister! Gerade dies unterscheidet Dich von vielen anderen Menschen, welche noch nicht diesen *Meisterstatus* erreicht haben, einfach deswegen, weil ihnen dazu noch die *Reinkarnationserfahrung* fehlt. Dies ist natürlich der einzige Unterschied, manches Mal auch der Trennungsgrund, weil Euch Welten trennen, wobei gemeint ist das Erfahrungspotenzial von wenigen oder sehr vielen Inkarnationen! Nun erlaube **Ich Mir,** Dir dieses verstehende Wissen zu geben. Bist Du bereit?"   <*Ja!*>

„Was Dich so sehr von der Vielzahl all der anderen Menschenwesen unterscheidet, ist, wer Du in Wahrheit bist, besser, was Du bist! Allerdings zu deinem besseren Verständnis erlaube **Mir,** Dir dieses zu erklären. Als unser aller Quelle dieses *Selbstfindungsprogramm zur Erlangung von eigenständigem Bewusstsein* kreierte, brauchte es zur Umsetzung ein *Hüter-Team*. Dies war notwendig, denn die Erschaffung eines geschlossenen *Spielsystems*, in dem ja alles möglich werden konnte, dies brauchte wie eine Ummantelung, ähnlich wie bei euren Kernkraftwerken. Damit eventuell freigesetzte Zerstörungsenergien jederzeit innerhalb dieses Systems immer wieder umgewandelt werden konnten! Dieses

Hüter-Team war in Einsatz gebrachte *Erzengel-Energie*. Ja, Du hörst, liest richtig. Bitte habe gerade jetzt den Mut, die Offenheit grundsätzlich alles für möglich zu halten, ja alles! Hier braucht es zuerst für Schreiber, Hörer und Leser eine materielle Pause. Bis bald! In tiefer Liebe und voller Achtung, Dir / Euch dies nun zu vermitteln, Erzengel Michael, und in Einheit **Wir**, die Seelen aus Gott."

03.10.2011 Oktoberbotschaft Teil 2

<EEM, ich bin bereit für die Fortsetzung des zweiten Teiles der Oktoberbotschaft.>

„Dann, Teil meiner Ausdruckskraft (<Energie pur>), höre weiter. Da dies alles notwendig war, ja sogar ohne dieses *Hüter-Team* dies alles so gar nicht möglich gewesen wäre, und nur durch die Bereitschaft eines Teils der vorhandenen Erzengel-Energien selbst Teil zu werden von diesem *Spiel des Lebens*, dadurch die Möglichkeit zu schaffen, in einem umbauten Feld von Raum und Zeit, dies Spiel ablaufen zu lassen. In eurer Genesis ist dies der *Fall der Engel*, doch in Wahrheit war dies kein Fall, niemals, es war der freiwillige Abstieg, herbeigeführt aus vollem Bewusstsein, welcher allerdings vor dem Abstieg noch kein eigenes Bewusstsein war, sondern der mit Freude erfüllte Wunsch der Quelle allen **Seins**. Denn erst dieses Sich-Hineinbegeben in dieses geschlossene System ließ ja dann für sie alle, besser Euch, diesen eigenen freien Willen entstehen. An dieser Stelle nun lässt sich eine Sache klären, die bisher selbst Dir, Michael, nicht klar war."

211

<Ja, die Frage ist, sind alle Menschen Engel, ja sogar Erzengel-Energien?>

„Diese Frage hier so zu klären, braucht als Voraussetzung folgendes Wissen:
Die Energie der Quelle allen **Seins** ist in allem. Doch die Möglichkeiten, sich auszudrücken im geschaffenen Spielfeld der Quelle allen **Seins**, sind sehr unterschiedlich. Dies alles hat sehr viel mit Verdichtung zu tun, natürlich mit Verdichtung von Energie. Die Höhe dieser Verdichtung hängt gleichwohl von der *Nähe oder der Entfernung zur Quelle* ab. Aus dieser Nähe oder Ferne ergibt sich so etwas wie Stufen oder scheinbare Hierarchien. Doch dies ist nur der erkennbare Zustand des Ganzen, ausgedrückt in seinen Teilen. Diese Hierarchie besagt nur eines, nah oder weit, weiter entfernt von der Quelle. An dem Punkt, der Euch bekannt ist als der *Urknall*, erzeugte die Quelle, die bis dahin alles war, aber so gesehen auch allein, All-eins war, eine unendliche Anzahl von Quelle-Teilen, bis hin zu Quelle-Teilchen. Aufgrund ihrer erschaffenen Masse und der vorhandenen Energie der Anziehung entstand innerhalb eines Atemzuges eine unendliche Anzahl von Universen, mit innewohnenden Teilchen und verschiedenen Schwingungsfrequenzen, abhängig von ihrer jeweiligen Schwingungsdichte. Diese jeweilige Schwingungsdichte bestimmte, welcher Platz das Teil oder Teilchen, das Individuum im Plan des *ganzen Großen* einnahm.
Je kleiner dies Teilchen, je geringer die Schwingungsdichte, umso **weiter** entfernte sich das Einzelne vom Gesamten und damit von der Quelle. Die dabei automatisch entstehende

Abstandsentfernung, Euch bekannt als Hierarchie, war nichts anderes, als der sich einzufindende *Platz* gemäß der eigenen Dichte und Größe. Dies verstärkte sich noch, als die Quelle anfing, eine Pulsfrequenz auszustrahlen, aus der heraus alle Teile anfingen, sich um sich selbst zu bewegen oder sich in Bewegung zu setzen."

Befreiung von Mustern aus der Kindheit

Ich ....:................ lasse jetzt in Einheit mit meiner Seele ....….…… dieses Muster / diese Muster mir angeeignet in meiner Kindheit nun los.
Alle diese Muster, die da besagen (z. B. nur durch mein Tun, mein gutes Verhalten erhalte ich Liebe). Ich lasse dieses Muster jetzt los, ihr die Erzengelkräfte in Einheit mit meiner Seele .... und meinem Hohen Selbst ....…........ löst diese Muster und alle Verbindungen aus meinem gesamten Energiesystem.
Auflösung jetzt!
Danke, Engel der Gnade, danke Dir für die Aufnahme dieser aller Energien und danke Dir, Du übergibst sie zur Heilung der Quelle allen **Seins**.
So ist es!

14.10.2011 Inneres Wünschen und äußere Erfahrung

<Gibt es Worte der Wahrheit für mich?>

„Ja, die gibt es! In allem Erfahrenen gibt es immer diese äußere und dazu eine innere Wahrheit, meist sind sie identisch, sie können aber zu bestimmten Zeiten vollkommen konträr sein. Nun höre, vernimm dies Grundbedeutende! Immer dann, sobald eine Richtungsänderung in deinem Leben ansteht, zeigt sich dies in einem äußeren Erfahren, was völlig gegensätzlich ist, zu dem in Dir Gefühltem. Gerade dein Erfahren von etwas, was überhaupt nicht deiner inneren Ausrichtung, deinem Herzenswünschen entspricht, zeigt Dir diese Notwendigkeit zur Neuausrichtung. Es ist dasselbe wie bei den von Dir / Euch zu erfahrenden körperlichen Schmerzen, die Dir ja auch diese notwendige Veränderung anzeigen. Ein Tun, ein Unterlassen oder sogar ein notwendiges Wiederholen. So heißt dies für Dich, für dein erkennendes **Sein**, wie groß ist die Abweichung des inneren Erwünschten und gleichzeitig äußeren Erfahrenen? Je größer die Abweichung, umso dringender und größer ist die zu erbringende Kurskorrektur. Das äußere Erleben zeigt Dir ja hierbei nur zu deutlich die mehr oder weniger große Abweichung von dem wirklich Gewünschten.
Doch wie nun diese zu erbringende Kurskorrektur praktisch umsetzen? Hierbei braucht es natürlich zuallererst das *Sich-wieder-ins-Bewusstsein-Bringen* gerade dessen, was wirklich gewünscht wird. Da ja die benötigte Kurskorrektur zuerst diese Zielausrichtung braucht. So frage Dich dieses als Erstes: ***Was ist mein von ganzem Herzen Gewünschtes, was ich gerade jetzt erfahren möchte? Was tut mir gut? Wohin zieht**

es mich? Was hat das Leben mir heute wieder Gutes zu bieten? Sobald diese Neuausrichtung, dies noch Fehlende klar definiert ist, heißt es nun für Dich, bejahe in Dir mit größtmöglich gefühlter Freude und Macht gerade dies von Dir innwendig Gefühlte. Ja, dein gesamtes Bewusstsein, dein wünschendes Wollen richte nun darauf aus, bejahe es und richte dein Bewusstsein auf Empfangen aus."

15.10.2011 Planzeitpunkt

<Da die Visionsabende nicht in der Größe stattfinden, habe ich mich gefragt, ob es an mir und an meiner Einstellung liegt. Daraufhin habe ich eine wundervolle Botschaft über Notwendigkeiten erhalten. Möge sie auch Dir, der Du dies gerade liest, helfen, Dir selbst mehr zu vertrauen!>

„...höre meine Worte für Dich, die gerade jetzt Erlösung für Dich bedeuten. Zuallererst *Nein*, es ist nicht deine eventuelle *falsche Einstellung* oder dergleichen. Es ist lediglich die erfüllte Erfahrung deines Seelen-Inkarnationsplanes, der bei Dir jedoch sehr eng verknüpft ist mit dem Aufstiegsplan von ihr, der Systemhüterin. Ihr Aufsteigen gibt deinem Wirken den Takt vor. Kannst Du annehmen, dass bereits ein Ablaufplan für diesen großen Wandel vorliegt? Dass dieser Plan beständig den freien Willen der Menschheit berücksichtig, somit der jeweilige Planzeitpunkt des sich Ergebens, des sich Zeigens ganz individuell abläuft? Immer diese vielen bewussten und unbewussten Entscheidungen gar aller Teilnehmer mit berücksichtigt? Vergiss all dein bisheriges Erleben und richte Dich aus auf dein Gewolltes, das aus dem tiefsten Herzen kommt. Dein mittlerweile sehr viel höher schwingendes *Eigenschwingungslevel* gibt diesem deinem wollenden Wünschen machtvolle und große Verwirklichungskraft!"

<Habe jetzt bestimmt 8- bis 9-mal niesen dürfen, als ich jetzt gerade beim Eingeben dieser Worte immer wieder denke, dass auch das Schwingungslevel all derjenigen, die dies gerade lesen, viel höher ist als das von Mutter Erde. Heute ist der 10.11.2011 und der Schwingungslevel von Mutter Erde liegt zwischen 14 bis 15 Hz. Doch dein Level, mein lieber Leser, meine liebe Leserin, liegt darüber! Damit sind wir die Katalysatoren dieses Systems, wir heben es gemeinsam immer weiter an. Und unsere Belohnung dafür ist, dass unsere Verwirklichungskraft mittlerweile so machtvoll geworden ist. So achte auf deine Gedanken, sie ergeben dein Bewusstseinsfeld und das zieht alle deine Lebenserfahrungen nun sehr schnell zu Dir! Dies heißt für Dich und mich Freude pur, denn da ist jetzt so viel Gutes, was zu uns fließt. Spürst Du es jetzt gerade auch? Wir fühlen es zusammen!>

19.10.2011 Seeleneinheit, Avatarus, der Gottmensch

<Einerseits ist in mir Angst, wie soll dies alles nun weitergehen und gleichzeitig bin ich gerade jetzt so in der Ruhe, voller Gelassenheit, voller Liebe. Immer wenn ich mich wie jetzt zurückziehe, ist alles anders. So möchte ich leben, immer in diesem Gefühl der Liebe, der Gelassenheit, der Ruhe, der Fülle. Gibt es Worte?>

„Ja! Der Mensch, der Du auch bist, passt sich immer mehr dem Gott an, der Du wahrlich bist. So wäre nun deine Aufgabe, denke, fühle und handele wie der Gott, der Du bist! Dieses ist das noch von Dir zu Erfüllende. Sehe Dich nicht getrennt von deiner Seele, **Mir**, sondern wisse um unsere Einheit. Nicht die Seele alleine bestimmt, lässt geschehen, sondern Du mit ihr. Fühle, dass Du selbst die handelnde Seele bist, die Seele, die alles erfährt. Noch ist dein Denken und Fühlen meist als Mensch, der die Seele als übergeordnet empfindet. Sie, die Seele, als gleichrangig wahrzunehmen, bringt den Gott-Menschen, den *Avatarus*, zum deutlichen Ausdruck. Fühlst Du Dich selbst als dies **Seelenwesen,** das Du ja tatsächlich bist, verändert diese deine Wahrnehmung alles! Wie?

Mache Dir täglich bewusst, dass Du selbst auch die Seele bist. Denke und fühle als diese Seele und so setze Dir bewusst deine Absichten, die sich aus deinen Herzenswünschen heraus für Dich ergeben. Es ist von elementarer Bedeutung, wenn Du Dich selbst so wahrnimmst, Dich selbst so siehst. Jetzt verstehst Du zu sagen: *Ich und meine Seele sind eins!*, dies heißt auch: *Ich bin die Seele!* Dies hebt die vorherige notwendige Trennung zwischen Seele und Seelenanteil auf und lässt, noch während der Seelenanteil sich im materiellen Körper befindet, den Seelenanteil wieder eins werden mit der Seele!"

25.10.2011 **Der 1. Schritt**

<Gibt es Worte für mich, eine Botschaft für uns alle? Ich bin bereit, höchste Wahrheit aufzunehmen, vor allem für unser Buch *Dein 2012-Prozess*.>

„Die gibt es natürlich! Die Vollendung braucht noch die Übermittlung bestimmter Prozessabläufe, welche es zum wirkungsvollen Ablauf dieses Prozesses braucht. Zuallererst braucht es als **1. Schritt** die Bereitschaft, alles Erfahrene offen anzunehmen, immer in dem Wissen, da ist nur tief Sinnvolles für mich in allem. Nichts verurteilen, nichts abstoßen ist hierbei die Grundprämisse. Du, das Menschenwesen, gleichzeitig aber auch das göttliche Wesen, bist reine Schöpferkraft. Somit ist alles Erlebte, alles Erfahrene selbst geschöpft, damit zu Dir gehörend und tief sinnvoll! Sobald dieser 1. Schritt erfolgt ist, ergibt sich dann automatisch alles Weitere, alle weiteren Schritte von selbst. Die wiedererkannte Selbst-Schöpfer-Kraft wird durch diese Erkenntnis und daraus sich ergebend die Annahme zum Selbstläufer. Dies ist im ganzen Prozess das Einzige, welches Du, das Menschenwesen, selbst zu erbringen hast, diese Selbstannahme, alles Weitere übernimmt dann deine Seelenpräsenz. Ab dieser Annahme erfährt dein Leben tiefe Sinnhaftigkeit und so etwas wie ein automatisches Erfüllen deines Inkarnationsplanes. Da dies deine letzte Inkarnation im 3-D-Spektrum ist, ergeben sich dann alle abzuschließenden Erfahrungen. Dies allerdings in Verbindung mit allen bisher von Dir gelebten Inkarnationen. Hierbei wird **alles** Fehlende, in der jeweiligen Inkarnation nicht erfüllte, in deinem Jetzt-Leben erfüllend abgeschlossen. Dies ist natürlich der Hauptgrund für diese alle deine gerade in Dir ablaufenden Prozesse, denn für dies Erfüllen braucht es oft keine materiellen Erfahrungen mehr, oh nein, das meiste ergibt sich in deinem Bewusstsein, verbunden durch dein jeweils Gefühltes. Nun kannst Du in etwas den Wert der Annahme erfühlen, Dich einschätzen und seine Bedeutung erfassen.

Erst ab dem Zeitpunkt dieser Annahme erfüllt sich der Sinn dieser deiner Inkarnation, **erst jetzt** ist diese Inkarnation für Dich sinnvoll. Denn dies ist der einzige Grund deines für Dich

Hierseins. Hörst Du, An kana Te, erst die Annahme dieser deiner Schöpferkraft bringt Dich in deiner Jetzt-Inkarnation in diesen Zustand *sinnvoll*. Alles bisher von Dir Erlebte war nur die vorbereitende Hinführung in diesen Erkenntniszustand. Doch jetzt ändert sich alles! Der **2. Schritt** ist nun das gelebte Vertrauen! Zu wissen in allem wirkt tiefe Sinnhaftigkeit, lässt dein Denken sich ausrichten auf reine Neugierde! Was kommt denn da noch alles? Was ergibt sich jetzt? Jetzt hat sich sogar die Ausrichtung deines Bewusstseins auf zu erfahren Wollendes erfüllt, selbst Ziele setzen, Absichten zu äußern ist ohne Sinn, da sich ja jetzt sowieso alles von selbst ergibt! Die Herzenswünsche, welche Dich so sehr erfüllen, sie zeigen Dir das Kommende klar und deutlich, denn sie sind das zu Erfüllende, das sich leicht von selbst Ergebende. Jetzt ist zu leben ein wahrhaft Leichtes, von sich zu Ergebendem zu sich Ergebenden. Lehne Dich zurück und erfreue Dich wie ein Kind, das dies in seiner kindlichen Neugier beobachtet. Wie jetzt weiterleben? Ganz einfach, aus dieser Erkenntnis heraus und damit dem Wissen, dass jetzt sich dein Leben gemäß deinem Lebensplan von selbst erfüllt. Dies heißt einfach, lebe jeden Tag im Erwarten des sinnvollen Guten, was sich ja auf Seelenebene nun von selbst erfüllt. Es ist, als ob jetzt dein Lebensweg auf dies *Gleis zur Erfüllung der Inkarnation* gewechselt hat, und da diese Gleise ja bis zum Ziel bereits verlegt sind, führt es Dich darauf direkt zum Ziel, der Vollendung all deiner Inkarnationen, deines gesamten Inkarnationsplanes. Oh ja, die Erfüllung ist nun greifbar nah, lebe An kana Te, sei und wirke, jetzt!"

27.10.2011 Verwirklichung der Liebe der Quelle

<EEM, gibt es Worte für uns alle?>

„Für Dich und sie alle, die da bereit sind, mit offenem Herzen zu hören! Was immer mit Euch oder mit dieser Welt im Großen oder Kleinen geschieht, dies ist die Verwirklichung der Liebe der Quelle und aus dieser heiligen Liebe kann nur sinnvoll Gutes sich ergeben. So sei dies die Dir bestätigende Gewissheit, **Wir** wachen über Euch und über dieser Welt, denn beides liegt in unserer Obhut. Dies bewahre immer in deinem Herzen, gleichgültig, was auf dieser Welt geschieht! Veränderung ist angesagt, da wahrhaft große (*<Energie pur>*) Ereignisse euer aller Leben verändern werden, da Ihr völlig neue Grundlagen, eine neue Basis erhaltet. Es kann nur eine Verbesserung für die Mehrheit der Menschheit sein, denn dies Ungleichgewicht **muss** wieder ins Gleichgewicht gebracht werden. **Wir**, die vereinten Erzengelkräfte, haben den Auftrag der Quelle, der da heißt, schafft Ausgleich für sie alle! Somit ist unser Auftrag klar, nur wie dieser Ausgleich für Euch sich jetzt ergibt, dies liegt viel in euren Händen. **Wir** stellen diese Umwandlungs-kräfte zur Verfügung, Ihr bestimmt deren Einsatz. Oh ja, der Plan zur Wandlung dieses Systems, er liegt bereits lange vor, nur wie genau dieser umgesetzt werden kann, dies zeigt sich gerade jetzt direkt vor euren Augen. **Die europäische Union ist natürlich dafür der Schlüssel**! Ihr Verhalten, besser inwieweit die Mächtigen darauf weiter Einfluss nehmen, dies könnt Ihr bestimmen. Die Freiheit dieser Welt liegt in den Herzen dieser Europäer."

<Dann sage Ich, ..., als Seeleneinheit, die Ich bin,
als Ausdruckskraft der vereinten Erzengelkräfte, als Christus-Avatar,
der Ich bin, im vollen Bewusstsein meiner Göttlichkeit und als
vollwertiger Systemteilnehmer Mutter Erde, eins mit Gaia als ihr
Hüter, als An kana Te jetzt:>

"<Ihr, die Erzengelkräfte, durchtrennt alle Fesseln, alle
Bindungen, die sie Europa noch binden, jetzt! Befreit das
europäische Volk und umgebt es mit einem kompletten Schutz-
Energie-Feld. Befreiung und Durchtrennung aller Ketten der
Mächtigen jetzt! Umgebt sie Europa mit der *heiligen Flamme
der Wahrheit*, die zur Freiheit führt. An Euch, Ihr 500
Millionen Seelenanteile, inkarniert in Europa, erwacht jetzt
und löst Euch aus aller Verstrickung, aller Abhängigkeit.
Freiheit für alle jetzt!
*Im Namen der Quelle allen **Seins,** so sei es jetzt!>"*

„So ist es! Es ist vollbracht!"

<Nachdem Du gerade dies gelesen hast, bitte ich Dich, dass
auch Du diese Befreiung aussprichst, danke Dir von Herzen.>

29.10.2011   **Wunsch gemäß der 1. Priorität**

<Habe mich ausgerichtet auf das von mir Gewünschte, auf meine
Frage an EEM, ob es Worte gibt, kam diese wundervolle Botschaft.>

„Sobald Du wie gerade jetzt Dich aufhältst in diesem Bereich
des von Dir Gewünschtem, zieht dies das Gewünschte in einer
solchen Kraft und Stärke an, dass die Verwirklichung ein für
mich Leichtes ist. Der benötigte Energiequotient erhält durch

dies sich bereits im gewünschten Aufhalten eine hohe Verwirklichungsenergie. Dies alles hat ausschließlich mit Energie zu tun, sobald diese von Dir aufgebaut ist, kommt dies von Dir Gewünschte in dein materielles Erlebnisfeld, wo es dann von deinem Energiesystem umgewandelt wird zu deiner Erfahrung. Nur noch Dich dort bewusstseinsmäßig aufhalten, vollbringt Verwirklichung nahezu sofort. Verzögerung entsteht immer dann, beim von Dir Dich Herausbegeben aus diesem Bewusstseinszustand in anderes, da die Aufmerksamkeitsenergie dann woanders hinfließt.

Wobei erhebliche Verzögerung entsteht, wenn Du dein Bewusstsein in dementsprechend Gegenteiliges hineingibst, das kann dann die Angst, es nicht zu bekommen, oder die Wut, die Enttäuschung jeder Art über das für Dich noch fehlen, sein. So ist gerade jetzt in dieser *Abschlussphase* dein Dich Aufhalten mit deinem Bewusstsein die bestimmende Anziehungskraft. Was nun tun, um dein Bewusstsein gerade bei diesem von Dir so sehr Gewünschtem halten? Dies ist sicher so die wohl wesentlichste Frage!

Natürlich kennst Du bereits hier die erlösende Antwort, doch zu deiner Bestätigung hier nochmals die Erklärung hierfür. Da es nun hin zum *Ende der alten Zeit* geht, heißt dies gleichzeitig, da ist nur noch Zeit, deine wirklichen Herzenswünsche zu erfüllen. Auch hierbei heißt es, das *Wichtigste* zuerst, und nur dein Fühlen lässt Dich dies erkennen. Denn nur wenn Du förmlich vor Ungeduld, vor *es nicht mehr erwarten können* fast zerplatzt, dann ist dies der Wunsch mit der **1. Priorität** und deine von Dir zu erfahrenden Wünsche, sie hängen wie an einer Kette, doch hier heißt es: *Eins nach dem anderen*. Somit ist das Erkennen dieses

Wunsches mit der höchsten Priorität entscheidend für alles Weitere. Das Dich bewusstseinsmäßige Aufhalten bei dieser 1. Priorität fällt Dir natürlich besonders leicht, dies ist das erkennende Zeichen für Dich. Doch da deine Wünsche nacheinander auf dieser *Erfahrungskette* liegen, ist dies Unterscheiden und klare Erkennen von ausschlaggebender Bedeutung. Warum fällt es Dir leicht, in deiner Vorstellungskraft bei dieser Erfahrung gedanklich zu sein und dort auch für längere Zeit zu verbleiben?

Nie ist es Dir unangenehm, Dich dort aufzuhalten, außer Du bist wütend, dies noch nicht zu haben. Es fällt Dir besonders leicht, Dich dort hineinzubegeben und auch dort für eine längere Zeit zu verbleiben. Ja, es ist fast schwer für Dich, dort wieder in dein *Jetzt-Leben* zurückzukehren. Wie Dir gerade klar wird, kommt es auf diesen 1. Prioritäten-Wunsch an, dann kommt alles andere und es ergibt sich alles von selbst. Achte auf dieses ausnahmslos gern Dich dort bewusstseinsmäßig Hineinbegeben, dies ist der Schlüssel! In Liebe, EEM für Dich!"

07.11.2011 Die Vollendung

<Danke für eure göttlichen Worte zur Erfüllung und Vollendung unseres 2012-Prozesses, danke.>

„So höre nun die Erfüllung! Das Wissen und die gleichzeitige Annahme dieses stattfindenden Prozesses machen den Weg frei für sich zu erfüllende Fügungen. Alles Sinnvolle fließt nun sich selbst ergebend im göttlichen Zeitfluss zu Dir, zu Euch allen. Die Rahmenbedingungen, vielmehr noch die Möglichkeiten zur Erfahrung des für Dich Sinnvollen, werden mit

Überschreitung der Energiepforte 11:11 am 11.11.2011 in enormer Weise zunehmen. Vor allem für Dich und all jene, die sich vertrauensvoll diesem Schöpfungsprozess überlassen. Gerade dies sich Vorfreuen auf das da Kommende zieht dies Sinnvolle mit großer Macht zu Dir/Euch. Punkt für Punkt, Komma für Komma erfüllt sich nun dieser dein/euer Schöpfungsplan, da der angenommene Prozess zu dieser Selbsterfüllung übergegangen ist. Die eigene Meisterschaft zu bestätigen, zu erfüllen ist Sinn und Aufgabe dieser letzten Stufe im Prozess. Dafür steht Euch im Besonderen dieser Zeitraum 11.11.2011 bis zum 12.12.2012 zur Verfügung. Alles davor war die notwendige Vorbereitung für dies jetzt Kommende! So frage Dich dies Prozessteil-nehmer/-in, was ist in Dir bereit für Erlösung?"

<z.B. Angst vor, Wut über, Eifersucht gegen ...>

„Dann erlöse dies jetzt!"

<Ich sage jetzt Annahme und gleichzeitige Übergabe dieses Erfüllungsthemas auf Seelenebene an Dich, Quelle allen Seins. Danke Dir, Engel der Gnade, für die Übernahme und gleichzeitige Übergabe dieses an VaterMutterGott, die Quelle jetzt. So sei es! Erfüllung auf Seelenebene jetzt!>

08.11.2011   Der sich in Erfüllung bringende Zustand

<EEM, gibt es Worte von Dir?>

„Gerade jetzt nur dies! Es ist alles vollbracht, dein Dich wieder darauf ausrichten, deine wiederholte *Bestellung* aktiviert, wie Du es gerade jetzt deutlich fühlen kannst, dies von Dir Gewünschte auf atomarer Ebene. Gerade dies Wiederholen bringt es in den Zustand des *Selbstläufers*. Wie Dir ja bereits an anderer Stelle vermittelt, erbringt sich dies von Dir Gewünschte, zu Dir Gehörende von selbst in die Manifestation. Sobald dieser Punkt der benötigten Aufmerksamkeitsenergie überschritten ist. Jetzt erbringt es sich, geführt durch **Uns,** von selbst. Dein Dich immer wieder daran erinnern erbringt Beschleunigungsenergie. Doch für Dich nun entscheidend zu wissen, ist dies! Der *sich selbst in Erfüllung bringende Zustand* ist erreicht. Freue Dich nun mit **Mir.**

Dein wahres Fühlen ist Gleichgültigkeit und dieses Gefühl stellt sich immer dann ein, wenn der Schöpfungsprozess in deinem Leben in den *Selbstläufer-Status* übergegangen ist. Du weißt dies und fühlst es gerade sehr deutlich. Alles in deinem Leben wird nun erbracht von **Mir,** in Einheit mit deiner Seele, ja alles! So kannst Du jede *Angst vor* ablegen, denn vor was oder wem solltest Du Dich fürchten? Dein eigenes Energielevel von 18,5 Hz und das von Mutter Erde von 14,8 Hz sind mittlerweile so hoch angestiegen, da ist nur noch Raum für Vollendung. Dies Erreichte ist der Grund deines gleichgültigen Fühlens in Dir! So freue Dich und wisse, alles ist **dein.** Wirke machtvoll und beweise Mut, gebe alles, da alles dein ist. Dir dies alles als vollkommene Wahrheit vermittelt, EEM für Dich!"

27.12.2011 Bereitschaftsdienst

"Dann höre Ausdruck meines Seins, was **Ich** EEM Dir in Einheit mit **Ihnen** allen mitzuteilen habe. Dein Dich Fühlen ist der Zustand, in den sie alle, Mensch bewusst oder unbewusst, berufen oder nicht, jetzt oder später, aber 100%-tig in diesen nächsten **20 Jahren** hineinkommen werden, **alle**!
Auch wenn es dafür alles braucht! Denn der weitere Aufenthalt auf diesem Planeten des freien, gelebten Willens verlangt nach dem **21.12.2012 als Voraussetzung die Teilnahme an diesem *Aufstiegsprozess***.
So können **Wir** Dir erst jetzt diese Wahrheit mitteilen. Bis zu diesem Datum erbringt ihr, die Berufenen und Mutter Erde, die Voraussetzungen für den kollektiven Aufstieg. Dies ist die größte Herausforderung. Ab diesem Zeitpunkt ist ein Verbleiben in der Dimension der 3 ein Unmögliches! Somit bleibt dann nur noch Ausstieg, also Inkarnationsabbruch, oder die bewusste oder unbewusste Bereitschaft am 2012 Prozess teilzunehmen, welches einem Aufsteigen in die 5. Dimension entspricht.
So heißt dies für Euch noch ein Jahr *Bereitschaftsdienst* leisten!"

Worte der Aktivierung

„Höre nun Du, **An kana Te**, Hüter von Mutter Erde von Anbeginn der Zeit, Bewahrer der Menschheit, jetzt gilt es, dein heiliges Versprechen, gegeben der Quelle allen Seins in den Hallen von Amenti, einzulösen. Alles, was es jetzt noch braucht, bist **Du** in deiner vollen Kraft, deinem klaren, vollkommenem Wissen, wer Du bist, und daraus in diesem Bewusstsein zu denken, zu fühlen zu handeln, immer! **Wir**, die geistige Welt, haben alles für Dich, für Euch vorbereitet. Großes steht an für Dich und für diese Welt, ein Wandel von unvorstellbarer Größe, und Du bist der Bringer dieser Verwandlung, ja Du, in Einheit mit ihnen allen, den Perlen Gottes, den Engel auf Erden, den **An kana Te**. Das Dir in all deinen anderen Leben Vorhergesagte ist jetzt! Bist Du bereit? Dann braucht es nur Dich und sie alle, eure Verbindung an einem Ort, zu einer Zeit erschafft das Bewusstseinsfeld, das Feld der Harmonie, des Bewusstseinswandels. Alles andere folgt von selbst daraus.

In tiefer Liebe und Dankbarkeit, **Wir**, eure Seelen aus Gott, **Wir**, die vereinten Erzengelkräfte in Einheit mit all den Schutzengelenergien, und **Ich**, Jeshua ben Joseph.“

Von Gott in Mir zu Gott in Dir

<Nun ist es wahrhaft vollbracht! Nach fast zwei Jahren ist dieses Buch, welches Du gerade in Händen hast, vollendet worden. Daran kannst Du erkennen, was es bedeutete, dieses Buch und seinen Inhalt in die Materie zu bringen. Es war der geistigen Welt nur möglich mir diese Wahrheit in *Paketen* zu übermitteln, da diese energetisch so hochschwingend waren und gleichzeitig auf mehreren Ebenen transportiert wurden. So konnte ich oft an einem Tag nur eine halbe oder ganze Seite erhalten, an bestimmten Tagen sogar keine. So bin ich jetzt so dankbar, dass dieses Buch vollendet ist und Du es in deinen Händen halten kannst.

*Ich habe meinen eigenen 2012-Prozess mit Abschluss dieses Buches vollendet. Du selbst wirst deinen Prozess gerade beginnen, Dich mittendrin befinden, oder auch gerade dabei sein ihn endgültig zu vollenden. Wie nah Du diesem Abschluss bist, kannst Du ganz einfach erkennen! Jetzt fragst Du Dich sicher woran dies zu erkennen ist? Ganz einfach, die Antwort hast Du bereits gelesen, an der Stelle im Buch, als die geistige Welt uns mitteilt, dass zu Beginn des Prozesses immer zuerst ein menschliches Wesen steht, welches sich selbst nur als dieser Mensch, als dieser materieller Körper wahrnimmt und am Ende? Steht dies menschliche Wesen, welches seine eigene Göttlichkeit wiedererkannt, gefunden hat. Nun hast Du die Antwort, inwieweit hast Du deine eigene Göttlichkeit *wiedererkannt*? Genau dies habe ich als Überschrift für diese Worte gewählt, um unser beider wirkliches **Sein** damit zu verdeutlichen. *Von Gott in Mir zu Gott in Dir*. Dies meine Freundin, mein Freund ist die Vollendung und gleichzeitig der Abschluss des Prozesses, deines 2012-Prozesses. Dein Dich Wiederfinden, dein Erkennen deines wahren **Seins**. Jetzt hast Du die Antwort, wie nah*

Du dem Abschluss und damit der Vollendung deines Prozesses bist, am besten kannst Du es erfühlen. Fühle deine eigene Göttlichkeit, dein wirkliches Potential. Seit Jahren schon trage ich eine Bejahung für mich in mir, welche ich immer wieder für mich fühlend ausspreche: *Gott in allem, Gott ich bin!*

Und schon wie Martin Luther King sagte *I have a dream*, habe auch ich einen Traum, besser eine Vision. Die gesamte Menschheit lebt wieder ihr göttliches Potential, dadurch ist Frieden auf dieser Welt und alle Menschen bringen in Freiheit ihre Talente und Fähigkeiten zum Ausdruck. Dazu braucht es nur einen Teil der Menschheit, die kritische Masse, das eine Promille, die Berufenen, die An kana Te.

Wie mir die geistige Welt so deutlich übermittelte, wird Mutter Erde am 21.12.2012 energetisch in der 5. Dimension angekommen sein. Damit dies harmonisch sich erfüllt, braucht es die Bereitschaft speziell der Hüter und Hüterinnen, ihren eigenen 2012 Prozess bewusst anzunehmen. Aus meiner eigenen Erfahrung weiß ich, dass dies vor allem heißt, alle in uns aufkommenden Gefühle (Wut, Eifersucht, Ungeduld, Angst) einfach anzunehmen, ja zu ihnen zu sagen. Sie dann den Erzengelkräften zur Auflösung zu übergeben, was dann zu einer tiefen Freude, einer Dankbarkeit führt. Denn diese Wahrnehmung und die Annahme sind der Sinn des stattfindenden Aufstiegsprozesses. Aufsteigen ist nur durch Ballastabgabe möglich. Ich bin so dankbar selbst diesen Prozess durchlaufen zu haben und ihn nun endlich abgeschlossen zu haben. Zum ersten Mal in meinem Leben (1 x niesen) fühle ich solch eine tiefe Ruhe, ein Vertrauen und das tut so gut. So wünsche ich Dir liebe Leserin, lieber Leser von ganzem Herzen den Mut, die Kraft, und die Liebe zu Dir selbst, um für Dich auch deinen Prozess zu vollenden.

Zum besseren Verständnis nun noch etwas sehr Wesentliches:

Es gibt vereinfacht gesagt zwei Bewusstseinsarten, über die sich ein Mensch zum Ausdruck bringen kann, **bewusst** oder **unbewusst**. Beide sind die vollkommenen Schöpfer **aller** ihrer Lebensumstände, ja aller! Dabei gibt es einen großen Unterschied bei den Erfahrungen, die beide jeweils erleben, aufgrund ihrer unbewussten oder bewussten Schöpfung. Da bei unbewussten Menschen die Schöpfungsenergie fast ausschließlich bei Nichtgewolltem ist, z.B. Angst, Wut aufgrund des Fehlen von Gewollten, werden Lebenserfahrungen angezogen, die scheinbar ungewollt sind, doch selbst angezogen sind, gemäß dem Gesetz der Anziehung, dem Gesetz der Aufmerksamkeit, dem Gesetz der Ausrichtung. Bei bewussten Menschen findet in aller Regel eine bewusste Schöpfung statt, da die Ausrichtung auf das wirklich Gewünschte erfolgt. Dadurch werden Lebenserfahrungen angezogen, die gewollt sind und Freude verursachen. Deshalb:

Werde Dir immer zuallererst klar, was Du willst, erkennbar an deinem *Von-ganzem-Herzen-Wünschen*. Konkretisiere deine Wünsche durch schriftliches Niederschreiben und bildhafte Verstärkung. Sobald dies klar ist, achte auf deine Gefühle, denn diese sind die Zeichen deiner Seele. Bei guten Gefühlen sind deine Gedanken in Einklang mit deinen Herzenswünschen. Bei unguten Gefühlen sind Gedanken in Dir vorhanden, die deinem Gewollten widersprechen, oder es wirken negative Gedanken anderer. Somit zeigen Dir deine Gefühle, wo deine wirkliche Aufmerksamkeit ist!

Frage Dich einfach wieder und wieder:

Was wünsche ich mir wirklich zu erfahren?>

09.01.2012...Bereitstellung von Bewusstseinsenergie

<Folgendes ist von primärer Bedeutung! Die in 2012 immer häufiger (Seite 185) benötigte Bewusstseinsenergie kann von uns vorher zur Verfügung gestellt werden. Immer wenn Du dich in eine Lebenssituation versetzt siehst, indem Du durch ein äußeres Ereignis (z.B. Streit mit dem Partner, Brief vom Anwalt, einem Unfall) Gefühle von Wut, Frust, Ärger, Eifersucht, Hass, etc. in Dir wahrnimmst, dann bist Du von der geistigen Welt in diese Situation gebracht worden, um Bewusstseinsenergie zu produzieren. Wie? Ganz einfach, sobald Du diese unguten Gefühle wahrnimmst, sage: *An euch die Erzengelkräfte, Herauslösung all dieser Energien von Wut, Frust, Ärger, etc. aus meinem gesamten Sein, sofort. Umwandlung dieser Energie in Licht und Liebe, jetzt! Übergabe an Mutter Erde dieser umgewandelten Energien als Bewusstseinsenergie, jetzt! Tun wir alle dies in diesen Monaten 2012, und es werden immer mehr die dies praktizieren, dann hat Mutter Erde immer vorher bereits genügend Bewusstseinsenergie, damit braucht sie keine Naturkatastrophen und ihr Aufstieg verläuft harmonisch. Dies meine lieben An kana Te ist einer der Hauptgründe unseres Hierseins.

Voller tiefer Dankbarkeit

Amira>

Meditation und Gitternetzprogrammierung

Atme in deinem eigenen Rhythmus weiterhin ein und aus. Mit jedem weiteren Atemzug, den Du jetzt tust, kommst Du ganz bewusst in dein Hier und Jetzt, in dein **Ich bin**. Einatmen und ausatmen, alles geht ganz von selbst. Wenn möglich, atme durch die Nase ein und durch den Mund aus. Jeder weitere Atemzug, den Du jetzt tust, bringt Dich in deine Gegenwart, in dein **Ich bin**. Du nimmst deinen Körper wahr. Einatmen und ausatmen, automatisch kommst Du mit jedem weiteren Atemzug, den Du jetzt machst, in dein **Ich bin**. Du kannst, wenn Du das möchtest, deine linke Hand auf Dein Herz legen und zu Dir selbst sagen: *Ich bin.* Dann fühle das **Ich bin**.
Sage: *Ich bin das **Ich bin**. **Ich bin*** jetzt.
Ich bin alle Zeit. Ich war und ich werde immer sein. **Ich** und das **Göttliche** sind eins. Eines. Nun fühle, dass Billionen von Zellen in deinem Körper bestätigen, was Du eben gesagt hast. Die Zellen in Deinem Körper bestehen aus göttlicher Substanz. Sie sind voll bewusst und sie waren immer mit dem Urgrund vereint. Wenn Du jetzt diese Worte so aussprichst und so fühlst, aktiviert sich dein Körperbewusstsein, um Dich in allem Weiteren zu unterstützen. Wisse, Du bist eine Einheit aus über 60 Billionen einzelner, bewusster Zellen. Ein enormes Energie- und Kraftpaket bist Du selbst. Du bestehst aus Energie. Jeder Deiner Gedanken, jedes deiner Gefühle und jedes deiner Worte programmiert dieses gedankliche und gefühlsmäßige Energiefeld und strahlt dementsprechend das Gleiche, wie deine Gedanken und Gefühle, aus. So fühle nun die Präsenz deiner Bewusstheit, deiner Zellen in Dir, in deinem **Ich bin**. Und in diesem Hier und Jetzt bitten wir nun die geistige Welt,

die Ihr uns heute hier zusammengeführt habt, an diesen Ort, in diese Zeit, in diese Energie von uns, und wir bitten Euch, unsere Seelen, Euch, unsere Schutzengel, an diesem Ort, in dieser Zeit mit uns zu sein und diese Zeit mit uns zu teilen. Wir bitten Euch, dass wir Euch fühlen dürfen, jetzt! So bitten wir Euch, die Erzengelkräfte, nun, Euch in die Ecken dieses Raumes zu stellen und diesen Raum hermetisch zu versiegeln. Hermetische Versiegelung durch die Erzengelkräfte zum Wohle aller, jetzt. Wir bitten Euch, die Schwingung in diesem Raum jetzt anzuheben auf den höchstmöglichen Schwingungslevel zum Wohle aller Beteiligten. Schwingungsanhebung zum Wohle aller in die Dimension der 5, jetzt.

Nun seid Ihr wieder in den Heiligen Hallen von Amenti, um Euch zu erinnern, wer Ihr seid und warum Ihr hier seid. Denn wir, Eure Seelen, haben Euch an diesen Ort, in diese Zeit, in dieser Art zusammengeführt. Einen jeden von Euch haben wir hierher gebracht. Fühle und wisse dies, jetzt. Gehe ganz in Dein **Ich bin**. Fühle Dich selbst in Deinem **Jetzt** und **Hier**.

Wir bitten nun Euch, die Geistigen Führer, Euch, unsere Schutzengel, teilt nun diesen Raum in dieser Zeit mit uns und schließt die Reihen, jetzt.

Die Hände ausbreiten und wieder zusammenführen.

Wir bitten nun Euch, unsere Schutzengel, lasst uns Euch jetzt fühlen, Eure Präsenz und Eure Nähe. Lasst uns Eure Liebe für uns jetzt fühlen, auf das aus dem Wissen das Verstehen wird.

So fühle jetzt die Präsenz deines Schutzengels, wie er Dich jetzt ganz mit seiner Liebe und Energie einhüllt. Fühle die Präsenz deines Schutzengels, jetzt. Ganz tief öffne Dich der Liebe, die Dich jetzt umgibt. Du kannst auch zu Dir selbst sagen: *Ja, ich bin jetzt Fühlen*. Und dann atme weiterhin in deinem eigenen

Rhythmus ein und aus. Und da nun der Schutzengel direkt mit Dir in Kontakt ist, Du seine Nähe fühlen und wahrnehmen darfst, bitte nun deine Seele, dass sie Dich jetzt sie selbst fühlen lässt. So sage: *Ich bitte dich, meine Seele, lass mich Dich jetzt fühlen, Seelenpräsenz jetzt.* Nun fühle, wie sich diese Energie aus deinem Herzen ergießt wie eine Quelle, und wie jetzt, wo Deine Seele Dir ganz präsent ist, Du über deinen Körper hinausgehst. Fühle in aller Kraft und Liebe deine Seele, fühle sie jetzt. Fühle durch die Seelenpräsenz, wie Du Dich mit allem, was jetzt hier ist, wie wir alle wieder miteinander verbunden und eins sind. Ein Denken, ein Fühlen, ein Sein.

Wir bitten nun Euch, unsere Schutzengel, unsere geistigen Führer, unsere Seelen, wir bitten Euch nun um Seelenenergie für uns alle. Wir bitten um Gesundheit, Bewusstsein. Wir bitten um Leichtigkeit und Humor, Offenheit, Klarheit und Wahrheit. Wir bitten um Frieden, Freiheit, Freude und Fülle. Wir bitten um Gnade, Licht und Liebe. Segen für uns alle. Wir alle, die wir heute hier zusammengekommen sind, wir sind An Kana Te. Wir sind Hüterinnen und Hüter von Mutter Erde seit Anbeginn der Zeit. Wir, die An Kana Te, Bewahrer der Menschheit, bitten Dich, die Quelle allen Seins, um die Erlaubnis, das morphogenetische Feld von Mutter Erde nun zu programmieren in der Farbe Gold. Stärke gleich Göttliche Präsenz. („*Die Erlaubnis ist erteilt*")

Nun sage: *Wir, die An Kana Te, Hüterinnen und Hüter von Mutter Erde seit Anbeginn der Zeit, programmieren nun in der Farbe Gold mit der Erlaubnis der Quelle allen Seins, das morphogenetische Feld von Mutter Erde, Gaia, jetzt.

Code: 777   **Schlüssel: 9**   **Energie: Liebe**

Ab sofort sind nur noch die Handlungen möglich, die direkt zum harmonischen Aufstieg von Mutter Erde und der gesamten Menschheit dienen. Jeder Gedanke, getragen von dem Gefühl der Liebe, hat 1.000-mal 1.000 Verwirklichungskraft. Freisetzung der implantierten Liebeskraft des Meisterlehrers und Avatars Jeshua, jetzt. Aktivierung Lichtgitternetz ganze Erde, jetzt. Ausschüttung aller vorhandenen, gespeicherten Liebesenergie, jetzt. Wir danken Euch den Erzengelkräften, dass Ihr den Raum und die Zeit mit uns geteilt habt. Wir danken Euch, Ihr Seelen und Euch, Ihr Schutzengel, für euer Hiersein bei uns. Danke Euch allen. Aufhebung der hermetischen Versiegelung, jetzt. Nun komme in deinem Tempo wieder hierher zurück. Fühle deinen Körper, fühle Arme und Beine. Atme noch einmal tief ein und aus. Bewege deine Arme und Beine. Dehne und strecke Dich. Wenn Du so weit bist, kannst Du deine Augen öffnen.

Lebensplan-Entschlüsselung

Erkenne
deine Bestimmung
deine Berufung
deine Lebensaufgabe

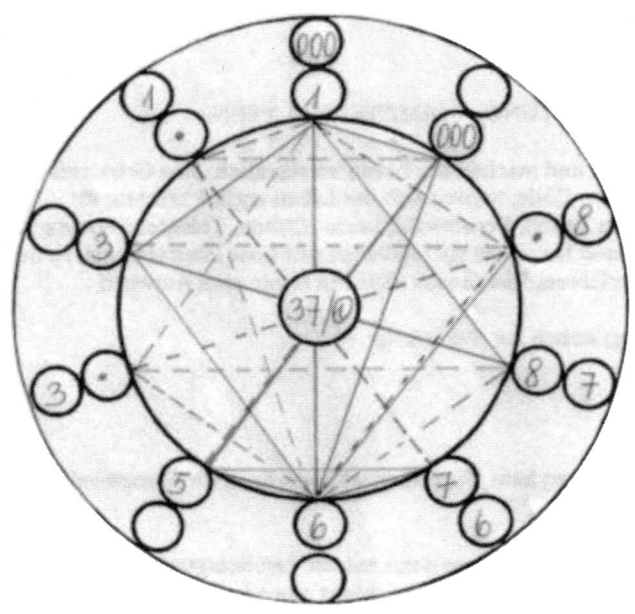

**Die Lebensplananalyse besteht aus ca. 50 Seiten
persönlicher Auswertung, eine besprochene CD ca. 60 Min.**

Bestellung und weitere Infos direkt im Online-Shop bei:

www.fuerdich-akademie.de

Lebensberatung

Finde Klarheit
für all deine Lebensbereiche
- Beruf
- Beziehungen
- Geld
- Partnerschaft

Agnieszka Jaurel Insoma

Terminvereinbarung und Infos

insoma@dein2012prozess.de

Weitere Infos findest Du direkt im Online-Shop bei:

www.dein2012prozess.de

Meditationen 1 (Live Channeling)

AKTIVIERUNG DEINER HÜTERENERGIE

Seelenverbindung fühlen. Seelenweg zu gehen, bedeutet, dass eigene Göttliche in Dir zu ehren achte auf Deine Gedanken. Vordenken, kreiere Dein Leben, sehe alles vor Dir, wie es Du dir wünschst. Schöpferkraft leben und dann weitergeben an Andere **ICH BIN ANKANATE** Hüter/Hüterin von von Mutter Erde seit Anbeginn der Zeit wunderbare Formulierung. Neuausrichtung des morph.Feldes von Mutter Erde. Gaya spricht: Dank+ Hüterkristall

32:47 Min.

23,- Euro

DEINE SCHÖPFERKRAFT BRINGT DICH IN DIE FREIHEIT

Das Fühlen folgt Gedanken, ich bin die Ursache all meiner Erfahrungen. Wenn Du eine gewisse Zeit bereit bist den Gesetzen zu folgen, führt Dich das in die Freiheit, ja auch in die Freiheit von Gesetzen. Dies ist höchste Wahrheit, die Ihr jetzt nur verstehen könnt, durch die Vielzahl Eurer Inkarnationen.

46:26 Min.

Ton und Schnitt: Lemuria-Dreams Produktion   Musikalische Untermalung: Lazar Ibon Adamek

Meditationen 2 (Live Channeling)

SEELENPLANERFÜLLUNG:

Du bist jetzt in Deiner Inkarnation an einem Punkt angekommen an dem Du das Entscheidende selbst in Auftrag gibst. Bitte und dann wird Dir gegeben. Seelenkanalöffnung, Seele verankert sich in Dir. Te oma Ka tei (Erwache Seele in mir). Seelenplanerfüllung in allen Bereichen.

21:21 Min.

EINWEIHUNG UND VERANKERUNG ERZENGELKRÄFTE

Erzengelkraft URIEL: Verwurzelung in Mutter Erde, Lebensfreude.
Erzengelkraft GABRIEL: Botschaftenüberbringer, Macht fließt ein, ich wirke machtvoll in meinem Sein.
Erzengelkraft RAPHAEL: Herz Zentrale aktiviert alle Zellen, aktiviert gesamten Selbstheilungskräfte.
Erzengelkraft MICHAEL: Halschakra und 3.Auge das in Dir wahrgenommene (3.Auge) direkt aussprechen (Halschakra) ich bin und ich spreche die Wahrheit.

36:36 Min.

23,- Euro

Ton und Schnitt: Lemuria-Dreams Produktion   Musikalische Untermalung: Lazar Ibon Adamek